英語への旅

ピュス・エルヌフ
PUCE ERNOUF
内田謙二
UCHIDA KENJI

影書房

英語への旅

目次

英語への旅　7

英語への旅

英語は鯨に乗って

時は一八四四年の四月、フランスのテオドール・フォルカード神父はセシル提督の率いる小さな仏軍艦に便乗し、中国から二五日の航海の後、沖縄の那覇に入港しました。[1] アメリカのマスュー・ペルリーの黒船が貿易を求めて浦賀に入港し、江戸幕府を脅かしたのが一八五三年と五四年だから、フランスの軍艦はそれに一〇年も先んじて日本に入ろうとした訳です。ただ、当時の沖縄はまだ琉球王国だったので、日本の歴史に辛みを付けるには、フォルカード神父は寄港の場所と目的を間違えたようです。もしセシル提督の軍艦が江戸か上方に入港し、キリストではなく商売の話を始めていたら、世界は変わっていたかもしれません。

神父の入港した沖縄では、使徒達の船が停泊するや否や六人の役人が検査にやって来た。役人達はみな中国語を流暢に話し、その内の二人が既に片言の英語を使ったそうです。日本人は鎖国のせいで、その当時から外国人との会話に憧れていたのかもしれません。しかし実は、当時の役人が英語のカタコトを話せたのは、それほど不思議なことでもなかった。

日本の日本海側には黒潮と親潮が交わる所があり、そこには小エビ類が集まり、それを餌にする鯨が集まり、それを捕獲する米英の捕鯨船が横行していました。ハーマン・メルヴィルの小説

『モビー・ディック』の船長エイハブも、ここで白鯨に片足をもぎ取られたことになっています。日本海での鯨との闘争は漂流者を生み出し、西洋人船乗りが日本沿岸に流れ着き、鎖国中の日本側も英語の分かる者を必要としていました。

一方の太平洋側では、日本人船乗りや漁師が難船する事故が頻発し、そうすると黒潮に流され、漂流してアメリカ西海岸に流れ着きます。彼等は西欧の情報や英語の知識を持ち帰り、思いがけない英雄となりました。そのなかで有名なのが重吉、音吉、万次郎。彼等が難破したのは時代が少しずつずれ、それぞれ一八一三年、一八三二年、一八四一年。重吉は英船でアラスカ、露船でカムチャッカを回って帰国しましたが、アメリカ大陸に上陸した恐らく最初の日本人。音吉はドイツ人宣教師と聖書を邦訳し、通訳ともなり、西洋女性（スコットランド人）と結婚した恐らく最初の大和男。万次郎は救われた後にハワイで上記メルヴィルとすれ違ったばかりか、ペルリの黒船の二度目の来訪のときに通訳をやり、後に東京大学の英語の先生にまでなりました。

さて、日本はその後、どのくらい英語に強くなったでしょうか。

外国人の英語力を測る「TOEFL」という試験法があります。これは英米人が、外国人にも高貴な英語を話させようとして開発したものと思われます。勿論、日本人にはあまり向いていない。そこで、英語力のなさを嘆く日本人が中心となり、国際交流用の英語力を測る「TOEIC」という試験法が開発されました。これは外国人を英米人みたいに話させるのではなく、他人と交流できる英語力を付けさせるのが目的です。今では「TOEIC」が先輩の「TOEFL」を凌駕し、一二〇カ国で使われています。

ところが、「TOEIC」も日本人には不都合で、世界的な比較試験の結果、日本は下の下、フィリッピンは勿論、中国や韓国や台湾よりも下で、自分の下にはチリとサウジ・アラビアしかない、という立場にあることが分かりました。それに対して、日本人がパリに来て嘆くフランス人の英語力は、実は評判に反し、イタリアやスペインより上、ヨーロッパでも上位にあることが分かりました。

でも日本人は悲観するには及びません。試験で良い成績を挙げるより、その試験法を開発したのが日本人だという事実の方が気高いとは思いませんか。日本人は例え英語には弱くても、日本語で考えながら、世界的な英語の試験法を考案した訳ですから。

ピュスが東京に来て、いつも気が付くことは、電車や路上での若者達の会話で、英語を話すことがいかに重大な話題になっているかということです。若者が外国人と英語を話す破目に陥り、その苦境からいかに抜け出したかという慎ましい話題が。もちろん、電車のつり革にぶら下がっているピュスを意識して、思い出したように英語の話を始める学生や若者達もいますが。

この国では英語が巷のネオンや看板や売店に氾濫しています。それは一般人の目を惹く意図なのでしょう。ただ、肝心の大衆の生活は奇妙に英語から隔離されていて、水と油のように表面で接触するだけのようです。若者達の失敗談は破裂するような笑いの中に終わり、日本人と英語との奇妙な関係が悲劇ではなく喜劇として感じられるときには救われた気持になります。

ピュスが日本に来だした初期の頃、通りがかりの若い男に、英語で訊いたことがあるそうです。

「郵便局はどこでしょうか」

若い男は照れくさそうに、顔の前からハイを追い払うように掌を振って、

「サンキュー・ノー・エクス・キューズ・ミー」

と、急ぎ足で去って行きました。ピュスは彼の動作を、何と失礼な仕草、と思ったのですが、内気そうに下げた彼の顔の微笑みがどうしても気になりました。後で考え直してみて、どうも、次の筋書きが正しいと思い直したそうです。「サンキュー」はピュスの顔を見て反射的に迸り出た英語、「ノー」はその言葉が妥当でなかったことに気付いて打ち消す言葉、「エクス・キューズ・ミー」は郵便局を知らずに御免なさい。若い男は、貴女の言葉が話せずに申し訳ない、と言い訳していたようです。ピュスは後悔しました。自分の方こそ、彼をそれほど戸惑わせてしまい、「アイム・ソールリー」と謝るべきだったのです。

その若者は、当時の日本人の印象を代表しています。彼は英語ができなかった訳ではない。ただ、この日本での、一人になれる空間と時間が限られた生活で、外を歩いているときに、唯一の静かな、好きに制御できる自分の領土を作っていたのでしょう。外からの干渉を省いた世界を。

西洋人はよく誤解していますが、日本人はもともと非常に個人主義的な人種なのではないでしょうか。戦中と戦後の経済復興のため、日本人の個性は団体単位に組み変えられましたが、その団体の中でも日本人は天の与えた個人主義を守り続けているようです。例えばフランス人は、目的地に着くためには何も考えずに急ぎますが、日本人は目的地に着くのは口実で、歩く間に自分の「間」を作り、いろんな思考をするのです。日本の住所が分かり難く作られているのは、まさにそのような「間」を維持するための、無意識の自衛手段。その上、日本では見知らぬ人に話し掛ける習慣がありません。各人が自分で解決策を見つけるのが習慣だからです。見知らぬ他人とは干渉しない暗黙の了承があるのです。ピュスが話し掛けた若い男は、自分の世界から引き摺り出されてビックリしたのでしょう。しかも、まるで世界の違う人間に言い寄られた戸惑いと、不名誉を避けたい気持もあったのでしょう。若い男は後で落ち着いて考えてみて、何だ、郵便局ぐらい教えてあげられたのに、と後悔しているかも知れません。

考えを変えて、英語を母国語とする外国人の立場になってみました。もしその外国人が日本人の感受性に無知の人であれば、ピュスのような経験だけで優越感を強くしてしまい、いつも日本人より上の立場から話そうとするでしょう。そのような誤解を避けるために私は提案したいのです。必ずまずは、日本語で答えること。例え英語を話せても。

「日本語で答えても構いませんか」

相手は怯み、答えるでしょう。

「ゴメンナサイ、ニッポンゴ、ダメ」

大成功。相手は重要な事実を思い知らされる。日本人は英語なんかより、まず日本語を非常に上手に操るという事実を。そして英語で横柄に接近する態度を止めるでしょう。日本人は、外国人が戸惑えば戸惑うほど、慣れぬ人種を前にするときの不安を克服し、落ち着いて答えてあげられるし、相手の英語が分からなくても、逃げる代わりに訊き返す余裕もできるはずです。すべては駆け引きの問題。何でもかでも英語でやってあげようと努力することは、外交的にも得策ではありません。まず日本語で主張して、相手が分からないときは英語でやってあげてもよい、という態度を貫くべきです。

さて、こんな話があります。英国の報道記者が日本人の若者の英語力を試すため、路上で日本人の学生を呼び止め、英語で次の質問をしました。

「貴方の名前は何ですか」

多くの若者はこの質問が分からず、照れ笑いと共に頭を下げ、逃げ去ったそうです。その記者はそれを、日本人がいかに英語に弱いかの実例として述べています。

この逸話はいただけません。日本の文化が理解されていないから。恐らく若者達は、マイクを手に近づいて来る外国人に気味が悪かったのか、質問のバカバカしさに答えを忘れたのか、テレヴィに写るのに怖気づいたのか、どれかだったのでしょう。もし日本人が西洋人の、こんな身勝手な調査をして遊ぶ習慣を知っていたら、チャンと答えることもできたのでしょうが。

悪魔の言葉?

東京での経験に平行し、ピュスはパリを散歩するアメリカ人の若者達に注意するようになりました。若者達が旅行でパリに来て、シャンゼリゼやチュイルリ公園を通りながら交わしている会話を耳にすると、フランス語を話せるかどうかがよく話題になっています。多くの会話は、なぜ自分はフランス語を学ばなかったか、または練習をする機会がなかったかについてです。ただ、日本の巷では英語が好奇心と尊敬を持って取り扱われるのと対照的に、パリでは英語を話そうとしないフランス人がアメリカ人の好奇心の対象になります。米国人には世界中が米国英語を分かるはずだと言う前提があるかのようです。そこで、米国人は、フランスの田舎の宿で、フランス語でいかに苦心したかの自慢話となります。フランス人の英語に無関心な態度は、開拓し尽されたフランスが今でも観光客に異国情緒を感じさせる力ともなっているようです。

アメリカではフランス語を話すことは無用な努力の最たるもの、または奇異な趣味の一つとみなされるようです。つまりフランス語は、パーティや晩餐会の会話で教養を示すためにしか使われず、役に立たない言葉の代表と考えられるのでしょう。米国の若い女性がピュスに英語で道を訊いてきたとき、彼女はわざとフランス語で答えたそうです。そうすると何と言ったと思いますか。

「私達はフランス語を話しません」

日本人は外国語に対する無用な劣等感を持っているのかもしれませんが、米国人はアメリカ英語の分からない人を絶滅寸前の人種とみなす風があります。自分では外国語を話さないばかりか、外国語のできる同胞を奇異な物好きとみなす節もあります。日本人には英会話の流暢な人に憧れ妬むような心理がありますが、米国人は皆が英語を話すのを当然とみなすようです。どちらが正統な反応かは別にして、忍耐を美徳とする文化と、征服を尊ぶ文化との違いかもしれません。

パリを訪れる日本人の友人や先生達は時々こぼします。

「フランスでは英語も通じないから困りますね。私のホテルでは大丈夫でしょうか」

それに対して、「TOEIC」試験の結果を知るピュスは、こう答えます。

「貴方がカタカナ読みでなく、英語の綴りに沿って発音なされたら、フランス人は何とか分かるはず。何しろ英国風の英語にしか慣れていないもので」

英国は外国からの英語の研修生で、年間に一七〇億ユーロを稼ぎます。しかし外国学生が大学を終えた後もイギリスに居残り、英国人の労働市場を乱すという社会問題が起きました。そこで最近のイギリスは、研修生を装う入国詐欺を減らすため、入国査証を得るための英語試験を少し難しくしました。ところがそうしたら、日本からの留学生が減ってしまい困惑しています。このことから二つの事実が明瞭です。一つは、日本人学生の英語力は世界的に競争力がないこと。二つは、英国政府の本心は日本からの留学生は歓迎したいこと。日本留学生が歓迎される理由は、彼等は概ね日本へ戻ってくれること、よし英国に残る人がいても、それは特殊技能のせいで英国の労働市場を荒らすことはないからです。当たり前のことですが、英国が求めているのは英語力ではなく、その他の能力です。そのためには来英する日本人が減るのはよい兆候ではありません。勿論、英国政府はそのことを口に出しません。他の国に対して「政治的に正しくない」からです。

英国の良心は心から嘆いています。英国が英語の世界化のせいで外国語を学ぶ意欲を無くし、アメリカ英語の変遷を追うのが精一杯になってしまった現実を。ある権威誌によると、「英国人は外国の文化に目を開くためにも、子供のときから外国語を学ぶべきである」と。

しかし一方で、日本を無駄な語学教育を施す世界代表として選び、次のような注意をしています。

「不幸にして、子供に外国語を強制することは成功を保証しない。もしそれを疑うなら、日本に行って通行人を呼び止め、英語で道を訊いてご覧なさい。日本は子供の英語教育に国をあげて努力している国なのに！」

ピュスが疑問に思うのは、そのような観察の正否ではなく、そのような批判に対する、一見頭の良さそうな日本の教育者達の反応です。それが合理性に欠けるように思えるのです。

日本人が例外なく、英語のために、本質的に日本人に異質で、使う機会がほとんどなく、知的に維持するのが難しい、その英語のために、生徒の若い脳を浪費し、多くの時間を費やすのはなぜか。生徒の好みも判定せず、猫も杓子も国民総突撃の精神で。

日本の目標は、並の水準の平凡人間を育てるより、各人の才能を伸ばすように教育することだったはずです。日本人の大多数にとって英語は、絶望的に少ない外国人との交流の手段に過ぎません。小学校から英語教育をするとしても、使う機会の少ない日本に住み続けたら、その努力は屑籠に棄てるようなもの。むしろ幼時からの英語の勉強は言葉の好きな言語学者の卵へ任す方が論理的だと思うのです。実際、日本指導層の考えは、デカルトの論理を学んだピュスには大きな謎です。

ピュスは知人のマサヒトの話を思い出します。彼は東大時代にコンラッドの『ハート・オブ・ダークネス（闇の奥）』の英語にしくじって、終に落第させられたのですが、四〇年後には日本で最も勇敢で、首相にさえ楯突く高級官僚になりました。その人は今でも日本語しか話せません。稀にする海外旅行では通訳を最高に利用します。

フランシスコ・ザヴィエル神父は十六世紀に日本に来た後、ローマ法王にこう報告しました。

「日本語は悪魔の考案した言葉で、基督教の布教を阻むためのものであります」
使い方によって、悪魔の言葉は天使の言葉にもなります。欧米人が日本を植民地にしようとしたとき、日本人は不可解な日本語を操り、顔を顰めて身振りを加え、日本が資源の乏しい、植民化するに価しない国である振りをしました。そうして時間を稼ぎながら、第二の中国になるのを避けました。戦後にも、日本語は外国産業の侵入を遅らせ、その間に日本は経済力を蓄えることができました。

ひとつ考え方を変えて、悪魔の日本語の利点を、積極的に利用する方法を考えてみませんか。

エルベの英語

全ては、ブリタニア人の誤算から始まりました。

昔々、ブリタニア島（今の英国）の北半分には戦闘的なケルト系人種のスコットランド人が住み、南半分には同じケルト系でも寧ろ大人しいブリタニア人が住んでいました。その南半分を、ローマからはるばるやって来たローマ人が占領し、住民達はラテン語の入ったケルト語を使うようになり、まずは仲良く共生していました。ところが、北側に住むスコットランド人がしょっちゅう南側を脅すので、ローマ王のハドリアヌスは両者の間に長城を築造し、南側をスコットランド人の攻撃から守りました。その内にローマ帝国の勢力は衰え始め、ローマ人がブリタニア島から引き揚げ始めると、恐ろしいスコットランド人がまた南を襲い始めました。

そこでブリタニア人は、エルベ河口を挟む北海沿岸地方、今のドイツ北部に住むサクソン人やアングル人に助けを求めました。西暦四五〇年頃の話です。エルベ河はチェコとポーランドの国境の山中から湧き出し、ベルリンやハンブルグを縦断し、北ヨーロッパを西の北海側と東のバルト海側に分けながら、今のオランダとデンマークの間の北海へ流れ出ます。傭兵として雇われたアングロ・サクソン人はエルベ河口や北海沿岸を離れ、デンマークからのジュート人も加わって、ブリタニア島にやって来て、スコットランド人を追い出しました。

ただ、傭兵達は余りにも野蛮で、スコットランド人ばかりか、雇い主のブリタニア人をも追い出した。かくしてブリタニア島の持主だったブリタニア人は、島の西の惨めな辺地、霧雨に覆われたウエールズ地方へ追い払われ、ウエールズ人と呼ばれるようになりました。ブリタニア人の一部は海を渡って、隣の島や欧州大陸側へ逃げ出した。その隣島は第一次大戦後に、やっと独立してアイルランドとなり、そこのブリタニア人はアイルランド人となりました。大陸側へ逃げたブリタニア人は今のフランスのイギリス対岸に住み着き、その土地はブルターニュ地方と呼ばれ、彼らは不本意でもフランス人となってしまいました。

先住のフランス人達は彼らを「イギリス人」（フランス語では定冠詞を付けてラングレ）、又はブルターニュ人と呼んだので、ラングレ、ラングロワ、ランジュヴァン、ルブルトンなどの姓の家族がかなりいます。もっと直接的に、英語そのままの「フレンチ」という姓の家族さえいます。これは、イギリスから逃げて来たイギリス人が先住民に、自分はフレンチ、フレンチになった、と説得しようとしたせいかもしれません。

フランス人はイギリスを「グランド・ブルターニュ（グレート・ブリテン）」と呼びますが、フランス側のブルターニュ地方を、今でも愛着を持って「プティット・ブルターニュ（スモール・ブリテン）」とも呼びます。そんな歴史から、現在のイギリスは世界に向けては大英帝国として統一されて見えますが、ヨーロッパの中ではグレート・ブリテンを成す三カ国（イングランド、ウエールズ、スコットランド）と、アイルランドの独立後に取り残された北アイルランドを加え、四つの国から成る複合体です。

アーサー王と円卓騎士の伝説をご存知でしょうか。これは英国人にとってはグレート・ブリテンのウエールズ地方での話ですが、仏国人にとってはスモール・ブリテンにあるブロセリアンド森での話。つまりは英ウエールズ人と仏ブルターニュ人は、エルベ河口北海沿岸のゲルマン人により雲散させられたものの、今でも同じケルト系の先祖と伝説を共有しているのです。

グレート・ブリテンを成す三つの民族は、フットボールの国際試合では、今でもイングランド、ウエールズ、スコットランドの三つの民族に分かれて戦います。更にラグビーの五民族大会（最近はイタリアが加わって六民族）では、これら三民族の他にアイルランドとフランスが加わり、エルベのアングロ・サクソンのせいで分散した民族が再会して戦います。どの民族も、北ゲルマン人由来のイングランドを破ることに今でも密かな喜びを感じるようです。

ラグビー戦ばかりか、これらのケルト系民族は、英語によって九〇％以上は死んでしまったケルト語のウエールズ語、スコットランド語、アイルランド語（エール語）を生き返らせようとして、懸命な努力を始めました。

キャサリン・ゼタ－・ジョーンズというハリウッド女優の話。彼女は本人の暗い美貌のせいばかりか、かなり年上の俳優マイケル・ダグラスと契約結婚したことでも有名。普通の結婚も契約の一種ですから、ことさら「契約」と強調するからには、最初から将来の離婚を見越し、離婚するときには幾ら払うとか、子供はどちらに属するとか、そんな条件が付いているはずです。更にダグラスは、ハリウッドの歴史的人物カーク・ダグラスの息子だという知名度もあります。そのゼイター・ジョーンズは意地悪な報道記者に訊かれました。

「大根女優と呼ばれるのと、イングリッシュ女優（イングランドの女優）と呼ばれるのとで、どちらが嫌ですか」

彼女は即座に答えました。

「もちろん、イングリッシュ女優と呼ばれる方が嫌よ」

彼女はグレート・ブリテン人とは言えても、イングランド人ではなく、ウエールズ人だからです。これらのことを考えると、日本語の「イギリス」という言葉にも問題があります。この言葉の響きからして、「イギリス」をつい「イングランド」と言ってしまうからです。フランスも日本と同じ問題を持ち、イギリスのことをなぜか「アングルテール」、つまり「アングル族の土地」と呼ぶ習慣があります。実際には日本語で言う「イギリス」やフランスで言う「アングルテール」とは、イングランドの他にスコットランドやウエールズを含むので、そこの住民の「スコッツマン」や「ウエルシュ」を「イングリッシュ」と呼んでしまうと、大きな反感を抱かれるのは仕方がない。「イギリス」という日本語はその内に「グレート・ブリテン」、それが長すぎれば「ブリテン」へと訂正されるべきでしょう。既にいわゆるイギリス人一般を指すときに、簡単に「ブリトン」ということがあります。蛇足ですが、フランスのスモール・ブリテンに住む人達は、英国人のブリトンと一語違いで、「ブルトン」と呼ばれます。

何れにしてもヨーロッパでは、人に助けを求めるときには注意しなければなりません。

英語、フランス香水で装った、このドイツ輸出品

英語の歴史は、エルベ河口を挟む北海沿岸に住んでいたゲルマン民族の変遷の歴史です。もと

もとは確たるドイツ語で、三つの性があり、語尾が変化する面倒な言葉でした。その内に北欧のヴァイキングが食糧と太陽と浪漫を求めて南下し、ブリタニア島や大陸側の北海沿岸を襲い始めました。終には北フランスを占領してノルマンディ（北欧人の土地）と呼ばれる基地を作り、そこから、アングロ・サクソンの支配するブリタニア島や、ヨーロッパ各地を襲い始めました。

そして一〇六六年、ノルマンディに住んでいたギョーム公爵はノルマン人二万人を率いてイギリスを制覇して、征服王ギョーム（英語ではウィリアム征服王）と呼ばれ、英国の王様を兼任するようになり、ブリタニア島の上層階級ではノルマン人のフランス語が話されるようになりました。つまり今の英語は、エルベ河周辺のアングル人やサクソン人のゲルマン語が土台になり、その上にフランス語が香水のように振りかけられてでき上がりました。ただ、振りかけ量が多く、英単語の六〇％は仏語と幾分かのラテン語に由来すると言われます。

奇妙なことに、イギリスの上流社会はフランス語で話し、書き、庶民だけが英語を使いました。従って、日常の英語会話の語彙のみがドイツ語系のアングロ・サクソン語。そんな伝統はアンジュー王家（フランスのロワール河畔、アンジュー地方に住むプランタジュネ伯爵家が、英国王家をも兼ねていた）の時代に引き継がれ、十四世紀半ばまで続きました。獅子王リチャードの話は、その時期に入る十二世紀末の話であり、彼は一般にはイギリスの王様と考えられていますが、彼の墓は実はフランスのアンジュー地方にあります。

同じ時代の話で、ロビン・フッドの伝説がありますが、彼はイギリスを侵略したフランス系ノルマン人貴族を襲って金品を奪い、貧しい庶民階級のアングロ・サクソン人へ分け与えたことを思い出します。

そんな歴史のせいで、英語には、同じことを表現するのにフランス語系の単語とゲルマン系の単語があるのが普通です。既に一世紀以上も前になりますが、作家のルイス・キャロルはこう言いました。

「もしある物や事を描くのに、英語の言葉が心に浮かばないときは、フランス語で話してみなさい」

観光（トゥーリズムとサイト・シーイング）、訪問者（ヴィジターとゲスト）、職業（オキュペーションとジョッブ）、天気（クライメートとウエザー）、湿気（ヒューミッドとウエット）、数えればキリがありません。前者が仏語系で後者が独語系ですが、どちらかと言うと仏語系の方が気取った響きを持っています。時には社会階級と言葉の歴史が交じり合い、牛や豚や羊は労働者が養育している間は独語系の言葉（オックス、ピッグ、シープ）が使われるのに、料理されて食卓に供されると途端に仏語系の言葉（ビーフ、ポーク、マトン）が使われます。エルベ河畔のドイツ語が市民階級の言葉として使われ、ノルマンディのフランス語が上流階級の言葉として使われたことと関係するのでしょう。

ただ、足を地に着けたような日常語には独語系の英語しかないことがあり、しかもその英語は今の独語に非常に近い。毎日食べる「パン」は英語ではブレッド、独語ではブロット、「リンゴ」は英語ではアップル、独語ではアプフェル、「家」は英語ではハウス、独語でもハウス、と言った具合。意地悪くも外国語（フォーリン・ワード）という表現は、前半の「フォーリン」が仏語系で、後半の「ワード」が独語系の混血語です。

更に、Hour（時間）、Honour（名誉）、Honest（正直な）、Humour（ユーモア）などの英語では「H」が発音されない。元の仏語がそうだからです。ところが、それを知らないフランス人は無理に「H」を発音するので、それがフランス人独特の英語訛りを作りあげています。

いま流行りのインターネット語の「メール」（MAIL）にしても、実は語源は仏語の「MALLE」で、「手紙を入れた使者の袋」を意味しました。ただフランス人は英語経由の仏語を嫌い、「MAIL」の代わりにクリエル（COURRIEL）という新語を作りました。「クリエ」（郵便物）と「エル」（エレクトロニックの省略）を合成した言葉です。しかしあまり庶民性がなく、面倒くさいときには、つい「メール」と言ってしまう。

フランス語の英語への導入は、百年戦争が終わった一四五三年頃に一段落し、再びルネッサンス期（一六〇〇年頃）に当時の流行語として増え、その後は比較的に停滞しました。逆にフランスは、十七世紀から制度改革をねらってイギリスに眼を向け、いろんな英語を輸入し始めました。

フランス革命の前夜の話です。そのせいで、この時代にフランス語の中に入った英語には、旧体制を捨てて民主主義に入るための、議会や法律に関する語彙が多かったそうです。

もっと後の十九世紀になると、娯楽用の「スポーツ」「モード」「スペクタクル」などの英語が仏語の中に入りました。確かに日本語でさえ、これらの英語に正確に当てはまる言葉がなく、ついカタカナで書いてしまうようですね。しかしそれらの英語でも、フランスでは使わなくなっていた古い仏語が、意外な意味となって逆輸入される場合が多くあります。特に法律の分野（仏語では「到着」を意味する「Venue」が英語では「行為場所」。仏語で「間違い」を意味する「Tort」が英語では「不法行為」）や、スポーツの分野（テニスのサーヴィスのときの「行くぞ」という意味の「トゥネ」が「テニス」へ、卵を意味する「ラフ」が英語では「ラヴ」で「ゼロ」を意味し、「ともかく」を意味する「アンツーカ」が英語では舗装した「万能テニスコート」へ）がそうです。このように、フランス人が仏語の純潔さに固執する、という定評は必ずしも正しくはないようです。ある計算によると、一九七〇年と八〇年代の間の十年の間に、フランス語の中に入った外来語は五％を占め、その内の半分が米国か英国の英語だったそうです。今はもっと増えているでしょう。ただ、フランス人は輸入した言葉にしっかりとした定義を与え、的確な言葉（Mot juste）にする才能には事欠かないようです。

このように英語はもともとのゲルマン語が北フランス人の占領によって地下に潜ってでき上がっ

た言葉とも言えます。英語の本性は、衒《てら》いのない民衆が使う日々の交流語です。従って英語はいろんな外国語を臆面もなく導入し、同化するという能力を持っています。

どうも、寒い国に住み、質素な生活に慣れ、単線的な性格を持つ北方人種の方が戦争に強そうです。北海沿岸のゲルマン族やデンマークからのジュート人はケルト人の国だったブリタニア島を占領してその中にイングランドを作ったし、イングランド人となった後はやはり北方から来たノルマン人に占領されはしましたが、それは更に国力を増す結果となったに過ぎません。かくして生まれたアングロ・ノルマン人は大英帝国を建立した後、すぐに世界制覇へ出発し、スペインやフランスを破りました。

フランスはなぜ、英王家を愛し、英語を憎むか

英語を話す力については、フランスも余り誇れません。クレッソン女史が産業大臣になったとき、企業の商売適性を測ろうと思い、英語で種々の会社へ電話させましたが、英語は殆ど受付で滞ってしまいました。そこで大臣は、フランス企業は英語力の改善にもっと努力すべき、と発表しました。

隣国ルクセンブルグの放送局がその話を知り、BBC の記者を装って英語で仏産業省へ電話し

たら、いろんな部署へ盥回《たらい》しにされ、英語を話せる人に辿り着くまでに一五分かかった、と発表しました。それはクレッソン大臣の偽善性を攻撃するためでした。

しかしフランスでは、英語に不得手だという感覚は、劣等感へまで落ちることは稀です。フランス人には英語は書いたものを見れば半分以上は想像できるし、例え話せなくても、耳にすればおおよその見当がつくからです。フランス人が英語を話すのが苦手なのは、自分の本当の気持を表現するには、世界で一番正確な仏語しかない、と信じているからでしょう。

イギリス王家の紋章を見てすぐ気が付くのは、英王家の標語がフランス語で「HONNI SOIT QUI MAL Y PENSE」（それを悪く思う者は恥を知れ）と書かれていることです。その「それ」は何を指すのかは問題ですが、イギリスのエドワード三世はフランス王位を要求し、一三三七年にフランスとイギリスの間で百年戦争が始まりましたが、そのフランス王位の要求の事実を指すと推定されています。

ワルテール教授によると、一三四八年、時の仏アキテーヌ公爵で、同時に英国王でもあったエドワード三世が、今のフランス北部にあるカレーを占領した後の話です。そこで催した舞踏会で美貌のサリスベリー伯爵夫人が踊りながら靴下止めを落としたとき、エドワード三世がそれを拾いながら口に出したフランス語がそのまま、先に述べた英王家の標語になりました。その英国王は英語を話せなかったからです。実際、十四世紀半ばまで、恐らくもっと後までは、英国の朝廷や貴族は皆フランス語しか話しませんでした。それに当時のヨーロッパでは、次から次の戦争を乗り越えるには、少々の色気や遊びやユーモアが必要だったのでしょう。当時は英仏の百年戦争が始まったばかりの、戦国時代だったのです。しかしこの事件から生まれた「ガーター勲位」つまり「靴下留めの勲位」は現在まで生き延び、「靴下留めの騎士達」は今ではエリザベス女王を首長とし、毎年ウインザー宮殿の礼拝道へ行進します。

実際、フランスとイギリスの関係は中国と日本のそれに似ています。例えば日本の皇族の標語が漢語で書かれていたとしても、日本人には大きな衝撃にはならないでしょう。昔はどの日本人も漢語で書いていたのですから。しかもイギリスでは、欧州のどの国も隣人だが、フランスは家族だ、とも言います。だから二人は仲が悪いのです。一方で、日本と中国が同じ家族だ、と言える日本人がいるかどうか。

英王家への賛歌である「ゴッド・セーヴ・ザ・クイーン」でさえも、フランスの百科事典「クイッド」によると、フランス王を迎えるときに謳う古い宗教楽から、一六七七年にジャン‐バプチスト・リュリが編曲した「神が王を守る」という賛歌が原型だそうです。マダム・ド・マントノンがその歌を、ルイ十四世によるサン・シール陸軍士官学校の開校式の際に歌わせ、更にその歌を当時パリ近郊に亡命し、英国の王位継承を狙っていたスチュアート家のジャック三世に紹介しました。一七四五年、ジャック三世の郎党はその歌を歌いながら英国に上陸しました。結局は仇敵のハノーヴァー家が王位を継承したのですが、奇妙にも競争相手の賛歌を自分の王朝の歌として採用したのです。

ヴェルサイユ博物館にある十八世紀始めの大時計の鐘は、今でも「ゴッド・セーヴ・ザ・クイーン」の旋律を奏でます。のみならず、十九世紀の始め、サン・シールの住民三名がこの歌を歌う伝統を正式に証言し、その証書が今でも市役所に保管されています。しかしフランスは一七八九年の革命でルイ王朝を倒し、反革命的な「神が王を守る」なる歌を喜んで放棄し、新たに「ラ・マルセイエーズ」を共和国の歌として採用しましたので、著作権剽窃の問題は起きませんでした。

ただ、他にも説があります。一七一四年、英国に住んでいたドイツ人作曲家ヘンデルがパリに来て歌「神が王を守る」を聞き、それを編曲して「ゴッド・セーヴ・ザ・クイーン」とし、新たに英国王朝となったドイツのサクソン系ハノーヴァー家がそれを賛歌として採用した、という説です。ヘンデル自身がドイツのサクソン出身で、後に国籍をイギリスへ変えたという事実がこの説の魅力でしょう。

もちろん、英国人の多くはそんな説に反対、英国人ジョン・ブルが一六一九年に、ジャン－バプチスト・リュリに先んじて作曲した旋律が起源だ、と主張しています。真実は、今の「ゴッド・セーヴ・ザ・クイーン」と、ヴェルサイユ博物館の大時計の鐘の旋律を聞き比べてみれば分かることでしょう。

イギリス社会を象徴する敬称「サー」でさえ、「SIR」という変な綴りで書くのは、古代フランスでの敬称「SIEUR」や中世フランスでの「SIRE」に由来しているせいです。その後フランスでは脱貴族化が進み、特に革命で王や貴族をギロチンにかけてからは、誰かが貴方を「私のサー」つまり「ムッシュー」と呼んでも、ひとかけらの敬意の念も含んでいません。

フランスは王制を廃止してからは、フランス語が国を象徴するようになりました。既に一五三九年の法律で、公用文書でフランス語を使うことが義務となり、一九七五年には広告やテレヴィで同等のフランス語があるときには外国語の使用が禁止され、ついに一九九二年には憲法が改正され、フランス語は仏共和国の言葉であると指定されました。

法律により国語を守るというフランスみたいな国は寧ろ稀だと言えます。米国にも英国にも、自分のいつも使う言葉を、わざわざ法律で国語だと宣言するような傲慢さはありません。日本だってそうでしょう。

ドイツでも、ドイツ語が国語だとはどこにも書いてありません。だから裁判所でも、外国語で討論しても法律に違反しないようです。数年前、ピュスがドイツの裁判所に傍聴者として参加したとき、四人の裁判官は当事者二人を囲んでヒソヒソ話を始め、ヤー、ヤーと合意しながら各自の席へ戻り、少しぎこちない英語ですが、おもむろに審議を始めたのです。ピュスのために。しかしそのような時代は終わったのかもしれない。今ではドイツは独語を「発想の言語」と呼び、英語の氾濫に抵抗し始めたからです。「発想の言葉」とはよく言ったもの。日本人にしても、日本語が「発想の言葉」であり、英語は行き詰まりを避ける「代わりの言葉」に過ぎないでしょう。

貴方は、天皇と貴方との共通点は何か、とお考えになったことがありますか。ピュスはあります。ド・ゴール将軍と国民との唯一の共通点は、綺麗な、説得力のあるフランス語を話そうと努力する点です。ただ、フランス人は仏語を愛する余り、外国人が四苦八苦しながら仏語で話してくれているときに、その仏語を訂正しようとするような愚行をします。イギリス人はそんなことはしません。分からなかったら訊き返すだけです。英語の特徴は柔軟性であり、良い英語と悪い英語はあっても、正しい英語と間違った英語の区別はないようです。

フランスは失敗ばかりしています。ナポレオンに継いでヨーロッパの統一を夢見た理想主義者はヴィクトル・ユーゴーでした。ヨーロッパの国語としては勿論フランス語を考えていたに違いありません。そのような情況の内に、一八八七年にエスペラントが発明されました。これは欧州の言葉の内での七〇〇語の共通語源から、普通に用いる七五〇〇語を採用し、簡単な文法で繋いだ言葉です。英語や仏語や独語を学ぶ十分の一の時間で学ぶことができる、というのが謳い文句です。

発明者のポーランド人ルイス・ラザール・ザーメンホッフはポーランド東部の町で医者をやっていました。その町ではポーランド語、ロシア語、ドイツ語、イーディッシュ語を話す民族が共存しており、ザーメンホッフはこれら異人種の共通語を作るのを夢見て、エスペラント語を発明しました。彼はワルシャワで一八八七年に、ドクトロ・エスペラント（希望を抱く医者）という偽名で「国際語」という宣言書を発表しました。マルクスが世界に向けて「共産党宣言」を発表したのが一八四八年ですから、コロンブスに始まった地球化への動きの大きな石碑なのでしょう。英国エスペラント協会によると、今では世界の少なくとも百三十カ国以上の国にエスペラントを話す団体があり、なぜかアフリカのブルンディという小国には約三十の学校でエスペラントを教えているそうです。ブルンディとはアフリカ中部にある、国の人口も広さも日本の十分の一にも満たない国ですが、そんな国がなぜエスペラント教育に一生懸命なのか、独裁者の意向なのかもしれません。ただ、エスペラントと競合する英語の国の協会の話ですから、信用してもよいように思います。

蛇足ですが、カトリックの総本山のヴァチカンはイタリアに囲まれて存在しているにも拘わらず、その公用語は今でもフランス語だそうです。そのせいで、ローマ法王が国連に初めて招待され、ニューヨークで演説したときは、英語ではなくフランス語を使いました。

イギリスのジャージー島やガーンジー島でさえそうです。これらの島はフランスのノルマンディに近い場所にあり、北欧のヴァイキングの子孫が住んでいますが、十九世紀末まで公用語をフランス語から英語に変えることに反対し、今でも特定の公式の場では通常の仕事でフランス語を使うそうです。

一八九四年に近代オリンピック委員会が組織されたときは仏語と英語が公用語になりましたが、解釈の問題が起こったときの正式語は仏語の方とされました。

仏語と英語の間の勢力争いでの、決定的な変化は一九一九年のヴェルサイユ会議、英語が仏語に次ぐ外交語として受け入れられた時に起こりました。既にフランスは自分だけでは国を防衛できず、第一次大戦は米、英、豪、加などの英語圏の国の助けを得てやっと勝ち得た立場だったので、強くは反対できなかったのですが、その後は大いに後悔しました。そして一九二二年の国際連盟の総会で、日本の新渡戸稲造の努力とイランの提案により、全ての国がエスペラントを国際公用語にすることに同意しましたが、唯一、フランスがそれを拒否しました。もし受け入れておれば今のような不幸はなかったでしょう。

これは外からの影響に反抗し、伝統的なフランスに固執する本能、しかも一度獲得した権利は既得権として手放さず、それを奪われると革命を起こし、しかしその後に後悔する、そんなフランス人の血へ通じます。

第二次大戦の後、フランスとドイツは将来の戦争を予防するために今の欧州連合を造り、そこではフランス語が殆ど唯一の公用語として君臨しました。ところが英国がそこに加入してからは、欧州連合の事実上の公用語は英語になってしまいそうで、フランスの苛立ちは増えるばかり。しかしそのような現実を作ったのは英独仏ではなく、他の加盟国、彼等はアメリカの影響で概して英語しか話さないからです。

フランス語も本当の国際語になりたいのなら、仏共和国の言葉から離れ、外国人の考えや言葉を導入し、外国人でも書ける言葉にならないといけません。しかしフランスはアカデミー・フランセーズを使って外国の言葉や考えの導入を制限しながら、同時に国際語であろうと努力していますから、明らかに大きな矛盾があります。

しかし何事も考え様です。英語は北ドイツで生まれ、フランス語が被さってできた折衷語。欧州連合はフランスとドイツが中心になって作ったのだから、交流語としてその折衷語を使うのは相応しいこと。問題は、それを英語と呼び続けること。今後は欧州で話す英語を英語と呼ばず、ユーラングとでも呼べば言葉の軋轢は減るはずです。そしてユーラングの中に、チェコやフィンランドやギリシャや、他の諸々の国の単語を、新しい概念としてドンドン導入して行けばどうでしょうか。

ビスマルクができなかったこと

オットー・フォン・ビスマルクはドイツ統一の父と言われていますが、晩年の一八九七年、若い記者と会見し、その時に次のような会話を交わしました。

「宰相が過ごされた現代歴史の中での決定的な出来事は、何だと思われますか」

「北米が英語を話すという事実だよ」

彼はその翌年に亡くなりました。

アングロ・サクソン族の故郷の北海沿岸からエルベ河を上って行くと、ハンブルグを縦断し、間もなくプロイセン国のベルリンに到ります。オットー・フォン・ビスマルクはそのプロイセン国で生まれ育ちました。プロイセン人も昔のアングロ・サクソン族に劣らず周りの国々に恐れられ、国が軍隊を持っているというより、軍隊そのものが国を作った、と悪口を言われるほどの存在でした。

ビスマルクはプロイセンのフランス大使やロシア大使となり、持って生まれた北ドイツ語の他に、仏英露語の三カ国語にも堪能でした。ただ彼は、語学のためには大した才能を浪費することもなかった。英語はもともと北ドイツ語の方言みたいなもの、その上にフランス語を学んだから、英語は自然に分かったはず。ロシア語だけは特殊技能です。しかも彼は言葉の問題に敏感で、アメリカが英語を公用語として採用し、ドイツ語を見放した歴史には少なからず失望していたに違いありません。

ビスマルクがナポレオン三世のフランスを打ち破ったのは一八七〇年ですが、それ以降、彼の率いたプロイセン軍の、頭に槍先を付けた兜は、フランスの子供達を震撼させる恐怖の象徴となりました。フランスの当時の病原学者ルイ・パスツールは、プロイセン国に対するフランス人の恐れを、次のように表現しています。

「横柄で、野望を持つ、悪辣な国。隣の国々に対してあらゆる手段を講じ、そして広まる。病的に蔓延すると言ってもよいやり方で、不潔な癌みたいだ」

ただ、ライン河の反対側では、ビスマルクは後にドイツを統一したので、ドイツの父と呼ばれるようになりました。しかし若い頃のビスマルクは女好き、成績はよくない、しかし外国語だけは得意で、そのせいかどうか、ドイツ女性ばかりか、イギリス女性やフランス女性もモノにしました。血の気が多かったのか奇妙な行動も多く、ゲッチンゲン大学の学生時代には寝間着のまま町を徘徊し、ニタついた者には誰彼となく決闘を申込み、数週間の内に二十回を超す決闘を仕掛けたと言われます。彼の顔に決闘の傷が残っていたかどうかは不明ですが。

ビスマルクのそんな癖は五十才になっても治らず、憎む政敵で病理学者のルドルフ・フィールヒョウ（VIRCHOW）に決闘を申し込みました。一説ではフィールヒョウは、決闘なんか野蛮だ、と断ったそうですが、別の説によると、フィールヒョウは決闘を二本のソーセージでやろう、と応答しました。一本は無菌ソーセージ、一本は病原菌を繁殖させたソーセージ。決闘は挑戦された方が武器を選ぶことができるので、フィールヒョウの提案は習慣に合っており、ビスマルクは文句を言えなかった。更にフィールヒョウはこう言ったと想像されます。

「宰相が好きな方のソーセージを選びなさい」

ソーセージはチャンバラに使うのではなく、口に入れるためでした。ビスマルクがもし無菌ソーセージを選べば卑怯者と呼ばれるだろうし、感染ソーセージを選べば大馬鹿として歴史に残るでしょう。ビスマルクは決闘を中止しました。この話を聞くと、ドイツ人にはユーモアがないという俗説は嘘であることが分かります。

アメリカ独立後の一七九五年、アメリカ合州国が公用語を選んだとき、一票差で英語がドイツ語に勝った、という話は有名ですが、少し端折って語られたようなところがあり、また確とした証拠もないようです。確かに一時期のアメリカでは、ドイツ系アメリカ人がイギリス系アメリカ人の数を凌駕する時期もありました。ただ、英語人口はイギリス系の他に、アイルランド系もいます。英語票が独語票を上回ったのだとしたら、両者を合わせるとドイツ語人口より少し多くなったはずです。しかしビスマルク時代のドイツの各地方は、英語ではなくフランス語の影響下にありました。

言葉の問題は聖書とも関係があります。十二世紀ピエール・ド・ヴォーは、聖書を初めて庶民の言葉、フランス南部の方言、に翻訳しました。彼は私財を貧者へ与え、放浪説教者となりましたが、その教えを継承した一派は後世にはカトリック教会や時のルイ十四世に迫害され、アルプスの山中に避難しました。ピエール・ド・ヴォーはマーチン・ルッターやジャン・カルヴァンによる宗教改革運動の先駆となったと言えるでしょう。ヴォー派の一部はドイツの南部のバーデンやヘスやヴュルテンベルグに移住し、そこの首長達は、彼等が宗教や公用にフランス語を使い続けること、石造りの家を建てること（彼等が他所へ移住するのを防ぐため）を条件に、土地を与えました。それから数世紀にわたり、ドイツ南部の人々はフランス南部の新教徒達の伝統で生活し、一八七〇年頃も軍隊の中にはフランス語しか知らない兵隊がたくさんいました。ビスマルクの国プロイセン、特にベルリンにも多数のフランス系新教徒（ユグノーと呼ばれ、ベルリン住民の四人に一人がユグノーだったそうです）が住んでいましたが、フランス皇帝ナポレオン三世がプロイセンに侵入してきたときに彼等はドイツ側につき、ビスマルクをして「ユグノーはドイツ人以上のドイツ人だ」と称賛させたくらいです。フランスと敵対していたビスマルクは、ドイツ南部でのフランス語圏兵隊の状況に非常に怒りました。しかし当時のドイツでは、それほどフランス語の影響が強かった。ビスマルクの本拠のプロイセンでは軍隊での最高の栄誉は一七四〇年創設の勲章を得ることでしたが、そんな勲章にさえ仏語で、[Pour le Merite]（功績のために）と彫ってあったそうです。

しかし現代になってからは、ドイツは仏語に代わって英語で苦労しています。ドイツ語に入った英語はデングリッシュとも呼ばれ、それに対抗するために、十五年ぐらい前に「ドイツ語協会」

が作られました。ドイツでは眼を引くために多くの英語が使われ、例えば車の販売宣伝では使われた英語のせいで、四人に一人のドイツ人にしか本当の意味が分らなかった、という調査があります。

ドイツ鉄道では職員に通知を出して、bonus, business class, non-stop, package deal, snackbox, lifestyle などの二千以上の英語はドイツ語で置き換えるようにしました。しかし brunch, container, sandwich, VIP などは、今ではドイツ語になった、とみなされました（ザ・エコノミスト誌）。最近はフランスのテレヴィで、ドイツ車の宣伝に「Das Deutsches Auto」とドイツ語だけが使われ、それが逆に評判になりました。車ならドイツ、という誇りがあったせいでしょう。

ドイツ語は昔から外来語で溢れ、既に一六一七年に「実り多き協会」を設置しました。それは外来語（当時は特にフランス語）からドイツ伝統の言葉を守ろう、という運動で、意外にも、名高いフランスの「アカデミー・フランセーズ」より三十年以上も古いわけです。そして二〇〇七年に「新・実り多き協会」なるものができました。その調査では七千二百語の英語の単語がドイツ語に入りましたが、その内の五分の四にはちゃんとした代わりのドイツ語があるのに、と嘆いています。それでもフランスと違って、ドイツ語をドイツ国家の公用語とするような法律は作っていません。

ドイツには外国学生を誘致するために、英語だけで教育する大学があります。ブレーメンのヤコブス大学ですが、ドイツ人が三〇％で、残りは世界中の百カ国以上の国からの学生です。感じとしてはドイツ人には人気があっても、外国学生にはドイツまでやって来たのに、ドイツ語さえ覚えられない、という不満があるそうです。

英語はその言葉と共に、習慣を伝達します。ドイツでは大学の教授には今でも「プロフェッサー」という称号を付けて呼びかけます。フランスでさえ今では教授も「さん付け」の「ムッシュ」で呼びかけてよいのですが。ドイツでは、親戚と友達と子供と動物だけは「ドゥ」（君・僕、又はお前・俺）呼びし、残りは「ジー」（貴方・私）呼びするのが普通でした。勿論、社会党や共産党の党員同志は「ドゥ」で呼び合い、保守党員同志は「ジー」を使うことが多い。

それはアメリカでの「名前呼び」と「姓呼び」に該当するようですが、アメリカではあらゆる人間を名前でよび、姓で呼ぶのは手術中の外科医だけだ、と誇張して言われています。それでも最近はアメリカの習慣がドイツにも入り、アメリカ式のカフェ「スターバックス」に行くと店員は最初から「君」呼びをし、団体旅行の斡旋会社では参加者は現地に着いたら皆が「君、僕」呼びにするように、との指令があったそうです（ザ・エコノミスト誌）。

ここにドイツ人のクルート氏の話があります。アメリカで長く過ごしたあと故郷ドイツに戻ったときに困りました。アメリカみたいに「君・僕」（つまりドゥ）呼びでよいのか、ドイツ語の丁寧な「貴方・私」（つまりジー）呼びの方がよいのか。思案にくれて、ついには会話を全て受動態で行いました。そうすれば相手を指名しないですむから。それでも状況によっては能動態での呼びかけが必要になり、結局は二人とも英語で話し始めたそうです。これは英語の発展と共に、アメリカの習慣が世界に広がった例です。

現代のアメリカではドイツ語の旗色が悪く、現在のアメリカの高校生が選ぶヨーロッパの言葉は、一番がスペイン語で、役に立つから。二番はフランス語で、ハイカラだから。三番はイタリア語で、その異国情緒のため、と言われます。ドイツ語はイタリア語とトントンですが、ドイツ語が学生に好まれない理由はそれが難しいという定評のせいで、現代のラテン語みたいになってしまいました。ドイツ語が使われる最後の砦は考古学、強いて言えば医学もでしたが、そんな時代も終わり、今では全てが英語に変わりつつあります。

フランスの足引き作戦

一五三九年にフランソワ一世の時代に発布されたVillers-Cotteretsの政令で、公式文書はそれまでのラテン語からフランス語で行うようになりました。アメリカ人が寝床の横に置く本は聖書だと言われますが、フランス人の場合は辞書だそうです。フランス人の知識人は、フランスとは一つの着想のことであり、その着想はフランス語でしか表現されない、というのが好きです。

スタンダールは、ある国民の才能の第一の手段は言葉なり、と述べました。

一九七五年の法律で、外国語は、同等のフランス語の表現が存在するときには、広告や公式書類やラディオやテレヴィで使ってはならない、ただし翻訳を付ければその限りでない、ということになりました。例えばgadget（ほんの思い付きの小物）やweek-end（週末）は同等なフランス語がないとみなされます。しかし煙草の箱の標語や車の宣伝や地下鉄での説明で、この法律は大変に不便だったという話です。ある外国の航空会社は、英語で書かれた航空券と保険をフランスでフランス人に売った、という罪で有罪となりました。

フランス内で英語で作成する文書は違法となりますが、外国から英語で送られてくる文書は違法になりません。ソフトなどは英語で書くことが多いのですが、それを外国の本社からフランスの支社に送ってもらえば違法ではない。もし本社がフランスにある会社なら、外国にある支社からフランス本社へ送らせれば違法とならないという、奇妙な国になりました。ラディオで流す歌謡曲の四〇％以上はフランス語の歌であるべし、とも規定されました。

しかしこんな現実を無視した法律国では、法律を破っても悪く思わない人が増えるのも当然。違反行為はちゃんと検査されず、ときたま不運な人が訴えられる程度でした。

フランス政府は、英語が科学での専用語となるのを嫌い、フランス語ばかりか、各国が科学をスペイン語やロシア語や日本語や中国語やイタリア語やアラブ語で発表することを奨励しました。

このようなフランス人の、英語の影響を希釈しようとする作戦は現在でも到るところに見られます。パリの地下鉄に乗ると、コンコルドなどの大きな駅や、時には車中で、放送がなされます。「スリが近づくのを避けるため、手提げは閉め、腕にしっかりお持ちください。携帯電話は……」最初の言葉はもちろんフランス語ですが、二番目の言葉は驚いたことに日本語で、三番目がやっと英語、次はドイツ語で最後に中国語。被害者に日本人が多いこともあるでしょうが、フランス人が英語を卑しめることに喜びを感じていることも確かです。

衝撃は一九八九年、パスツール研究所紀要が英語で刊行される、と決定された時です。そのときにはフランス語の保護で苦しむカナダのケベックの研究者達からも絶望的な怒りが表明されました。この紀要は一八八七年にパスツールが刊行し始めた微生物学でのフランス科学の誇り、歴史的な科学誌でしたが、現実には読者の三分の一以上が米国科学者で、英語での刊行が望まれていました。

一九九二年には憲法改正で、フランス語はフランス共和国の国語なり、と規定され、一九九四年には、特に高等教育でのフランス語の使用を保護する法律が発布されました。

パスツール研究所紀要の英語化の後に、非科学の分野からいろんな批判が起こり、終には法律により、国の補助金でなされた研究はフランス語で発表すべきことになりましたが、一九九四年には仏裁判所がその法律を、表現の自由を保障する憲法の違反だとして無効にし、科学分野でのフランス語保護運動は元の木阿弥となってしまいました。フランスが得意とする数学の一分野と社会人類学では、まだ仏語での発表が尊重されているようですが。

歴史を見ると、アレキサンドリアのギリシャ語から始まり、ローマ帝国の言葉、それから教会が広めたラテン語へと続き、ニュートンがラテン語で書いたのは誰でも知っていますが、もっと最近、十九世紀ドイツのガウスまでラテン語で発表したそうです（ロジェ・カン氏）。フランス人はぶつぶつ言っていますが、そのラテン語の伝統を破ったのはフランス人自身で、フランス語の勢力は十八世紀まで続きましたが、今度は英語がフランス語に取って代わりつつあるのです。科学の分野では情報の網が必要で、一般民衆や詩や劇や文学と違って、いつも一つの共通の言葉が必要だった、と言えます。問題は現代では、その英語がアメリカの経済力を反映して、アメリカの文化をよその国の民衆にまで浸透させるので、心ある人達を苛立たせるのでしょう。

アメリカのフィラデルフィアにある科学情報機関は、ある研究者の研究の価値を、他の研究者によって引用される回数の多さで測る体系を発明しました。良い研究であれば他の研究者から引用される回数も多いはず、という根拠の基に。ただ、現代は読まなければならない文献が多すぎ、研究者はそれをこなすのに慣れた英語の文献だけを選び、フランス語やドイツ語や日本語の文献は素晴らしい研究であっても読む時間がない。そうすると英語以外の発表者を引用しなくなり、その人の科学的な知名度も落ち、極端にはノーベル賞も遠のく、という具合。引用数を増やすために、知り合いの研究者同士で引用し合って引用数を上げる、という弊害も生じています。この情報と宣伝の時代では、英語で発表し、友人をたくさん作るのが一番となりました。

フランスの大学では学生の一三％が外国人学生で、世界では五番目に多いそうですが、ほとんどが仏語圏の昔の植民地からの学生、他の国籍の学生は英語圏のアメリカ、イギリス、オーストラリアに持って行かれ、しかも最近、ドイツに追い越されました。ドイツが大学教育の一部に英語を採用したからです。

フランスは伝統的なフランス語圏（マグレブとアフリカ）からの留学生は多いのですが、新興勢力の中国、インド、ブラジル、インドネシアからは少なく、世界の学生が留学に選ぶ国としては五番に過ぎません。そんな状態を改善するために、二〇一三年にはそれまでの法律を緩める法律が提出されました。大学で外国語つまり英語で教育することを可能にする法律です。普通の大学の授業では約一％に当たる科目を外国語でやってよいことになりますが、エリート校である大学校では、その割合が四分の一から三分の一になります。しかしそれら外国学生には、学位を得るまでにフランス語を習得しなければならないという条件がつきます。

しかしフランスの先生が英語で授業をするということには、自分の言葉でない英語、つまりグロービッシュ（簡易英語・94頁参照）を使う、という無理が付きまといます。一番の問題は、外国からの変化とりどりのエリートを深味のないグロービッシュで教育し、変化のないエリートへ

変えてしまう恐れ。しかもグロービッシュ的な心理状態を形成し、異なる方法で考える能力を限ってしまいます

最近の例ではヴィエトナムのホーチミン市のフランス系大学で、講座を英語でやることにしたら、学生達がアメリカ系大学へ鞍替えした、という例があります。マレーシアの大学でも講座をマレー語の代わりに英語ではじめたら、学生達の成績が悪くなり、中止されたという例もありました。

フランスの望みは、二〇五〇年にはフランス語を話す人口が今の二億五千万から七億五千万に増え、世界の使用言語序列では現在の五番から四番に上がるという予測。尤も、現在の仏語圏アフリカが仏語圏を離れず、今までの調子で子供を産み続ける、という条件の下での計算ですから、アフリカが予定通りに行動してくれなければ、計算は狂ってしまう。例えばアフリカのルアンダは仏語と英語の二カ国語を国民の共通語としていましたが、二〇〇八年に、英語のみを教育と官用の言葉に指定しました。もっともこれは民衆の希望というより、フランスに反抗する政治的な決定でしたが。ヴィエトナムもそれに近く、旧宗主国のフランスと関係ある者は昇進できない、などという障害があるせいで、フランス語を話せる人が激減してしまいました。今後のフランスは、旧植民地をもっと政治経済的に助け、また、例年行われるフランス語圏会議にもっと活を入れなければなりません。

ポルトガル語圏のブラジルや、スペイン語圏の他の南米諸国では、エリートはフランス語を第二の言葉としており、ブラジルに皇帝がいた十九世紀末までは朝廷はフランス語を話していました。しかしそのブラジルでも一九七〇年代から、第二の言葉は英語になりました。南米には欧州連合に相当するMERCOSURという南米連合があります。ここの特徴は、公用語がスペイン語とポルトガル語という似通った二つの言葉だけで、ほとんど通訳なしで話が通じることです。ブラジル人はスペイン語をほとんど問題なく理解でき、スペイン語側の人はポルトガル語の鼻音を時に聞き取り逃すぐらい。それでも問題があるときは英語で会話するようになったそうですが、指導者の間ではお互いに隣人の言葉を習得するように努力し始めました。

イギリスの作家サマーセット・モームがフランス語を「教育のある人々の共通の言葉」と述べた数十年前が夢のようです。

一番乗りの悲劇、アメリカ大陸版

アングロ・サクソン系の英語圏の国は、基本的には自由主義を愛し、特定の事例を一般化してしまう才能に富み、市民社会から「判例を政治模型とする国家」へと発展しました。

それに対してフランスは中央集権の国で、世界で一番古い民族国家Nation-Stateと言われます。

アングロ・サクソン系の国に比べると個人主義的で、他人に対する猜疑心が強く、時のエリートが勝手に一人で方針を決めるので、いろんな場面で世界の一番乗りになることが多い。ところが皆の総意が取れていないので、後の組織がもたつく。そこで秩序だった二番乗りには負けてしまいます。心理学的にも、性急な決定より、時間をかけてなされる決定の方が誠実真摯だ、と言われます。アメリカ大陸やインド大陸での英仏闘争はそんな国民性の発現でもありました。

かくして、フランスはギョーム公爵によるイギリス制覇を除いては、いつもイギリスの戦力に押されっぱなしです。フランス人はヴァイキングにこそ遅れをとりましたが、アメリカ大陸に上陸する勇気を示した最初のヨーロッパ人です。一五二四年、フランス王フランソワ一世はアジアへの西回り航路を見つけるためにジョヴァンニ・ダ・ヴェラザノを送り出し、彼はニューヨーク湾からアメリカ大陸に上陸しました。ヴェラザノの探検に参加したと思われるジャック・カルチエは、更に一五三四年から二回もカナダを探検していました。

一五四二年、フランソワ一世はジャン‐フランソワ・ド・ラ・ロック・ド・ロベルヴァルという新教徒をカナダ副王に任命し、彼は一〇〇人の植民者と共に、現カナダの東海岸に基地を置いてあった「新フランス」へ出発し、ケベックのサン・ロラン河（英語ではセイント・ローレンス河）に沿って、砦と町と、旧教と新教の教会を建設しようとしました。ロベルヴァルはカルチエの上役、カルチエは快く思う訳はありません。ロベルヴァルの命令に逆らって、カナダの鉱石

（金やダイヤモンドと間違えたらしい）を積んで、ロベルヴァルとすれ違いでフランスへ帰航してしまいました。こんな組織力の欠陥、無秩序、謀反は、現代のフランスでもしょっちゅう起ることです。

ロベルヴァルの試みは北米大陸の最初の植民地化で、もちろん、イギリスに先立つものです。彼等はカナダを北上して北西部、まだ知らない北極海ひいては太平洋側への出口を探そうとしましたが、氷河のせいで成功しませんでした。植民地は寒さと飢餓と壊血病のせいで閉じられてしまい、ロベルヴァルはやっとの思いでフランスに帰国しましたが、時は宗教戦争の始まった時期、彼はパリでカトリック教徒達にあっけなく暗殺されてしまいました。その後ケベックの植民化は、一六〇八年のピエール・デュ・ギュア・ド・モンや、サミュエル・ド・シャムプランに引き継がれることになります。

別の動きで、一五六二年にはフランスの新教徒「ユグノー」の一五〇人がアメリカの東海岸、南カロライナに入植しました。これはスペイン人がフロリダに基地を作る三年前、イギリス人が北カロライナに植民を試みた二十年前のこと、米国に住み着いた最初のヨーロッパ人でした。しかし指導者ジャン・リボーが植民募集に帰国している間に、現地で謀反が起こり、植民地は一年と続きませんでした。

一六〇三年にはフランスのポワトゥー地方とシャラーント地方の農民達が中心になってケベッ

クのサン・ローラン河の河口に入植し、アカディ（英語ではアカディア）という地方を作りました。この名は、古代ギリシャの理想郷の「アルカディア」から派生した名だとも、そこに住んでいたインディアン族の言葉で「鮭」という意味だ、とも言われます。

一六五〇年代には数人のフランス人が五大湖周辺を開拓しました。一六八二年にはルネ-ロベール・ド・ラサールは五大湖からミシシッピー河を下ってルイジアナに到り、乱暴にも、ミシシッピー河流域と、そこに流れ込む全河川と、それら河川間の陸地全体をフランス領地だと宣言し、ルイジアナ（ルイ十四世の地）と命名しました。それは北米中部の膨大な部分、今の米国領土の四分の一を占めるものでした。五大湖とミシシッピー河の周辺にはフランス語起源の町の名（デトロイト、セント・ルイス、バトン・ルージュ、ニューオールリーンズ等）が多い所以です。

イギリス人は一六〇七年に一〇四人が米国ヴァージニアに入植してジェイムス・タウンを築き、少し時を置いて、一六二〇年には一〇二人の清教徒が英国教徒を逃れてメイフラワー号に乗って大西洋を渡り、マサチューセッツに入植し、一六六〇年まで入植が続きました。

一七一三年、ユトレヒト条約により、フランスはアカディを放棄し、アカディはイギリスの一部になってしまいました。一万五千人の農民はイギリス王に忠誠を誓うのを拒否したので、一七五五年、カナダのハリファックスにあった英国評議会は、彼等の農園や収穫物を焼き払い、彼等を小舟に乗せて追放しました。

この事件はたいへん詩的に「大いなる乱れ」と名付けられています。追放された一部の三千人はフランスへ帰国し、一部はカナダの北部へ逃げ、一部は海路を生き延びてルイジアナ州のニュー・オールリーンズに定着しました。文献によっては、大陸を横断して（恐らくミシシッピー河の流れも利用して）ニュー・オールリーンズに達したという記述もあります。彼らはやはりフランス人で、即興の会話好きです。その地に定着する前に、土地のアメロ・インディアンにひと言、試しに訊きました。

「どの辺に住んだらよかろうか」

インディアンは厳かに腕を伸ばして、一方を指さしました。

「フランス人達よ、お前達が住みたいのなら、あの辺が良いだろう」

二〇〇五年の八月にはハリケーン「カタリナ」がルイジアナを襲い、その八〇％が水浸しになり、何万人かが亡くなりました。しかしフレンチ・クォーターだけは、高台にあったお蔭で災難を逃れることができました。

すぐに気が付くのは、ニュー・オールリーンズとはフランス語の「新オルレアン」の英語読みであり、オルレアンとは、あのジャンヌ・ダルクが侵略者イギリス軍を追い出した町の名前です。今でもパリに保存されている当時の新オルレアンとフランス本国との手紙のやり取りによると、当時の新オルレアンでは結婚相手の女性が不足していたことや、助産婦の仕事や黒人奴隷船の到着などが述べられています。

さて、カナダのケベックはどうなったか。そこからフランス人を追い出したのは多分にスコットランド人のお蔭で、彼等は大英帝国の一員である北方民族です。一七五九年のケベックで、イギリスはエイブラハム平原の戦いを勝ち取り、カナダは英語の国になってしまった。そして一七六三年、ヨーロッパでの七年戦争が終わり、パリ条約がきっかけとなり、フランスは嫌々ながらアメリカ大陸でのイギリスの特権を認める格好になり、この条約がフランス語後退の歴史的な象徴となりました。

その数年前、もしルイ十五世とショワセル侯爵が、カナダのケベックで戦っていたモンカルム侯爵の要求に応じて、アメリカに応援軍隊を送っていれば、今頃のアメリカはフランス語圏となり、英語の代わりにフランス語が世界語となっていたかもしれません。結局は一七五九年、エイブラハム平原の戦いでモンカルム侯爵はイギリスのウルフ将軍に負けてしまいました。歴史は他の道を選び、終には七年戦争に結論をつけるパリ条約の締結により、フランスは二百六十年前から続いていた「新フランス」の構想、フロリダからアラバマ、ネブラスカ、モンタナ、アメリカの西部にまで広がっていた新フランスの領土を放棄することになりました。時のイギリスはジョージ三世の時代で、首相ウィリアム・ピットは優勢な海軍力のもと、パリ条約によりフランスをアメリカの一部から追い出すのに成功したのです。

インドでもよく似た状況が起こりました。パリにはデュプレックスという名の地下鉄の駅があります。本人であるジョゼフ・フランソワ・デュプレックスは、インドでイギリス人と戦いながら幾つかの領土を獲得した人です。しかし自軍の中で権力争いがあり、フランス本国にも見捨てられ、デュプレックスはフランスに帰国してしまいました。その直後に七年戦争が勃発したのですが、イギリスはデュプレックス方式を採用してインドの植民地化を進めました。ここでも、もしフランスがデュプレックスを援助しておれば、大国インドでも英語の代わりに仏語が広がったかもしれない。実に一七五六年から六三までの七年戦争と、その直前の世界状況は、今の英語の世界化の発端になったと言えるでしょう。

十八世紀末のカナダは、高カナダ（英語圏）、低カナダ（仏語圏）の二つの地方に分かれていました。現在のオンタリオ州とケベック州に当たります。しかし闘争力はどうしても北方人種のイギリスの方が強かった。米国大陸の観察者として有名なアレクシス・ド・トックヴィルは一八三一年にケベックの州首都モンレアル（英語ではモントリオール）を旅行し、こう述べました。

「到る所で大多数はフランス人だが、フランス人が征服された人種であることはすぐに分かる」

一八四〇年には、高カナダと低カナダの両地方がカナダとして統一されました。総人口では英語圏の住民は四十五万人、仏語圏の人口は六十五万人、しかし代議士の数は同数の四二人ずつ、しかも英語が公用語とされたので、両者の間の不公平は明らかでした。

そのせいで、一八五〇年から一九〇〇年の間に、五〇万人のフランス語圏のケベック人はアメリカ北部の「ニュー・イングランド」、つまりカナダに近い米国北東部のメイン州、ヴァーモント州、ニュー・ハンプシャー州、マサチューセッツ州、それにロード・アイランドへ移住しました。これらは一千万人以上のいわゆるWASP（ホワイト・アングロ・サクソン・プロテスタント）の国ですが、その中に今でも、五十万のカトリックでラテン文化の影響の強いフランス系の子孫が住んでいます。新イングランドは俗に「南ケベック」とさえ呼ばれるようになり、メイン州では今でも三人に一人はフランス系ケベック人の子孫で、今でもケベックからのフランス語テレヴィを見る人が多い。州の名前「メイン」も、フランス中西部の一地方の名と同じです。そこからの植民が多かったせいでしょう。

隣の州「ヴァーモント」とはフランスのアンリ四世が派遣した探検者ヴェルモンの名前であり、首都のモンペリエはフランス南部の都市の名前。この州ではアングロ・サクソン系の秘密結社ク・クルックス・クランが活躍し、州政府は優生学的政策を試み、貧者、不具者、アメロ・インディアンのほかに、仏系カナダ人をも不妊処理を施す対象にしようとしたほどです。イギリス人一般がフランス人一般より色が白いとは必ずしも思えない（ただし英国人は、祖国に雨が多く太陽が少ない分だけ色白かも）ので、この問題は単に英語と仏語の間での闘争の歴史のせいでしょう。

ケベック人の一部はカナダ西部のウイニペッグへ移住し、現地のインディアンと混血し、マニトバ地方（今のオンタリオ州の西）に「混血民族の国」という名の国を作り、フランス人とアメロ・インディアンとの混血人種はフランス語を話して生活していました。「混血民族の国」なんて奇想天外な発想は、フランス人の得意とするところ。例え戦争には強くなくても。

そんなマニトバの英雄がルイ・リエルという巨人で、四分の一のアメロ・インディアンの血が流れていました。しかしマニトバは一八七〇年にカナダに吸収され、州の一つとなってしまいました。最初のうちはフランス語を話すことが黙認されていたのですが、マニトバの西隣のサスカチワンでも「混血民族の国」の謀反が起こり、カナダ政府は見せしめのため英雄リエルを絞首刑にし、一八八五年にはマニトバもすっかり英語の国にされてしまいました。

「混血民族の国」マニトバには、ルイ・リエルと同じ世代に、ラナルド・マクドナルドもいました。彼は父親がスコットランド人、母親がアメロ・インディアン酋長の娘で、インディアンの間では彼等の祖先は太平洋を渡って来たという噂があり、マクドナルドは密かに日本に憧れていました。噂から日本が鎖国中であり、上陸すれば死刑になるかもしれないことも知っていましたが、病が昂じ、マニトバでの銀行員の快い身分を投げ捨て、日本近海へ出発する捕鯨船の水夫となり、北海道の沖に来たときに彼は船長を説得し、一人乗りボートで大海に放り出させました。難船した漂流者を装って日本に上陸し、後は日本人の人間性に任せよう、と考えたのです。一八四八年のことです。

北海道の稚内近くの利尻島に着くとすぐにアイヌに捕えられ、マクドナルドは幾つかの手を経て長崎へ連行されました。当時はアメリカやイギリスの捕鯨船が日本近海を横行していましたが、英語を話せる日本人がおらず、マクドナルドは日本人の十数人のサムライ生徒に英語を教える役を仰せつかりました。日本で初めての、いわゆるネイティヴの英語の先生だと言えます。かくして英語を話せる日本人が十人余りできたのです。そして自分は日本語を学びました。フランスのテオドール・フォルカード神父が沖縄の那覇に入港した約四年後のことでした。ただマクドナルドは、漂流者救助に派遣されて来たアメリカ軍艦に、他の漂流者達と共に引き渡されてしまい、たった十カ月の日本滞在でした。

彼が七十才で亡くなるとき、最後に日本語と英語を混ぜてこう言ったそうです。

「サヨナラ、マイ・ディア、サヨナラ」

カナダ、その後

さて、現代では英語と仏語の関係はどうなったか。ケベック州は天然資源に恵まれた地方ですが、大企業の指導層はほとんどが英語圏の人に占められ、仏語圏のケベック人は大多数が工場の労働者で、自分等はアメリカの白い奴隷として取り扱われている、という不満が絶えませんでした。考えてみれば、十一世紀からのイギリスが、貴族層が仏系ノルマン人で、下層階級がアングロ・サクソンだったことの逆になります。ケベックではカナダからの独立運動が盛んになり、テロ行為で時の労働大臣が殺害されるに到りました。

フランスのド・ゴール大統領も、ジスカール・デスタン大統領も、ケベックの独立を支持するような発言をしましたが、それは多分に、自分らの身内を二百年余りもイギリスの支配の下に置いたまま構って上げなかったことに対する良心の呵責のせいでしょう。

その頃に現れたのがピエール・トリュドーです。彼は父親が仏語系のケベック人、母親が英語圏のスコットランド人、完全なバイリンガル（双語併用者）、本人はケベック人なのに、その頭脳と教祖的な魅力のせいでカナダの首相にまでなりました。一九六九年、彼はケベック人の独立運動を回避するために、カナダ連邦体制の中でフランス語を英語と並ぶ国語とする法律を制定し、連邦政府の公務や裁判所では、英語と仏語が同じ地位を占めるようになりました。カナダ西部の、人もあまり通らないロッキー山脈の標識でもSTOP/ARRETのように英語と仏語で表示し、英国系の人間しか食べない「コーンフレーク」も仏語へ訳する必要が生じたほどです。特に航空管理を英仏両国語で行うべしとする布令に対しては、空港で大きなストライキが起こり、政府が後退する有様でした。

しかしカナダ連邦政府の問題とは別に、ケベック州は一九七七年に、教育と職業と裁判ではフランス語を唯一の公用語にする、というケベック言語法を導入しました。通りや河や町の名は（もしまだフランス語でなければ）フランス語へ変える、という乱暴な法律。予期していなかったのは、ケベックに住むエスキモーから、猛烈な抗議が起こったことでした。幾つもの英語系機関は、ケベック政府の本気さを試すため、宣伝や屋号に仏語の他に英語でも掲示して様子を見ました。このケベック言語法は数回の改正を経て、一九九三年には最高裁は改正法を合憲であると判決。商業記号や広告ではフランス語の他に、別の言葉（英語も含めて）で表示してもよいが、フランス語は少なくとも二倍に大きくすること、並べて書くときはフランス語を左側に置くこと（人は左側から読み始めるから）などの条件があり、店の名前の英語表記「Macdonald's」などは単純に禁じられました。

そんな努力にも拘わらず、ケベックの首都モンレアル（モントリオール）に限って言えば、フランス語を話す人の人口は、二〇〇六年に初めて過半数を割りました。

カナダでは連邦政府による布令の後に、各州が法律を州議会にかけます。マニトバ州は仏語圏の英雄リエルが見せしめのために絞首刑にされた州ですが、ここは連邦政府の二カ国語政策に従わなかった例です。この州は今では英語人口が百万人なのに、仏語人口は五万人に過ぎず、そんな少数派の仏語をなぜ英語と並べて公用語とするのか、フランス語をも勉強する煩わしさを考えると、連邦政府の意向に従う気にはなれなかったのでしょう。

仏系カナダ人の問題は絶えません。カナダへの移民が増えるにつれて仏語系カナダ人の割合は減るばかり、ここ四十年ぐらいの間に三〇％近くから二十％そこそこにまで落ちてしまいました。カナダの首都トロントでも、五百万の人口のうち仏語人口は六万人足らずまでに減ってしまい、広東語を話す二十万人、ヒンディ語を話す十五万人に追い越されてしまいました。残りは全部英語で生活する人です。

ケベック州はカナダで唯一、独自の移民大臣を持ち、その移民政策はカナダ連邦政府の条件と異なり、フランス語のアクセントを帯びています。連邦政府は移民適正試験で英語と仏語に同じ点を与えるのに、ケベックでは英語には三点しか与えず、対して仏語には十五点与え、更に、応募者の連れ合いが仏語を話せば五点を追加します。しかも移民の子供（他の州からの移入したカナダ人の子供も）は仏語系の学校に通わねばならない。そんな努力のお蔭で、フランス語が母国語でない家族でフランス語を話すようになった家族は、当初の三％そこそこから、今では八〇％を超すほどになりました。しかも一九七七年のケベックでは、五十人以上の会社の四分の三で英語が公用語だったのに、八十年代の終わりにはこれらの会社のほとんどでフランス語が公用語となってしまいました。昔の企業のエリートは英語しか話せない人だったのに、今のエリートはフランス語系の人で二カ国語併用者となりました。面白いのは、世論調査によると、今では仏語圏でない人達の三分の二も、日常生活に不便はなく、今の状態で満足しているそうです。

今ではカナダの八州は英語を、ケベック州は仏語を、ニュー・ブランスウィック州（フランス語人口は三分の一強）は英仏二カ国語を州語とし、カナダ連邦は二カ国語制度です。

アメリカ英語の生まれ

アメリカ合州国が、独語でも仏語でもなく、英語を話すようになったことは近代世界に大きな影響を与えましたが、同時に世界の動向を変えたのは「お茶」だとも言えます。それがアメリカの独立を促したからです。お茶、そうです、日本でも飲む緑茶。しかもお茶の大国日本は、知ってか知らないでか、そんな世界の流れから身を離し、中国みたいに西洋に荒らされることもなく、歴史の傍観者となることができました。

ジャック・マリ・ヴァスラン氏によると、十七世紀の初め、ヨーロッパ人は「お茶」という飲み物を初めて知り、オランダの東インド会社が緑茶を中国、それに日本から買い入れ、ヨーロッパへ輸出し始めました。ただ、日本が鎖国を始めたので、中国のみが輸出国となりました。中国の緑茶は重要な輸出品となり、中国の各地から港へ、各港から帆舟でインドネシアのジャカルタへと集められ、そこからオランダの東インド会社の大型船が、まとめてアムステルダムへ搬送しました。

その一世紀後の十八世紀の初め、競争者としてイギリスの東インド会社が現れ、中国の広東に支店を開き、現地で茶を選択し、そこから直接にヨーロッパへ搬送し始め、十八世紀の半ばからはオランダを追い越すようになりました。

三種の茶（緑茶と黒茶とウーロン茶）はヨーロッパに広まり、イギリス植民地となったアメリカの十以上の州にも広まりました。しかしお金の必要なイギリス王は植民地への輸出品、特にお茶に高い税金をかけた。そこでボストンの貿易商ジョン・ハンコックは東インド会社が独占して売るお茶を排斥し、その運動が成功し、アメリカのお茶の輸入は極端に減りました。

一七七三年には英国議会はお茶の課税に関する「茶条例」を布令し、東インド会社は植民地ではお茶を無税で売ることができるようになり、お茶の販売を独占した。それがアメリカの商人に不公平な結果を生み、それがもとで、多くの米国商社を破産へ追いやりました。

そのせいで一七七三年末に反乱が起こり、ボストンではお茶を積んだ三隻の英国船が捕獲され、積荷は海中へ投げ捨てられた。この事件は「ボストン・ティー・パーティー」として知られ、最近は米国共和党の政治家がこの名を使って共和党をまとめ、党の大統領候補になろうとしたほどです。実際、一七七三年と言えばアメリカ独立戦争の前夜であり、この反乱はイギリスからの独立戦争の前兆となり、上記の貿易商ジョン・ハンコックは一七七六年には独立宣言の起草者にさえなりました。

宗主国イギリスは商業優先の政策で、植民地アメリカにいろんな不当な制約を課しましたが、鉄鋼製品はその一つです。鋳物用の低品質の銑鉄に関しては、アメリカは既に世界有数の生産国でしたが、技術的に難しい高品質の鋼鉄の生産や圧延は、法律によりイギリスの会社の独占。そんなこともあって、アメリカのイギリスに対する不満は掻き立てられていました（「ザ・エコノミスト」誌）。

その後も欧州では中国茶への欲望は高まる一方です。しかし中国はお茶の輸出の対価に銀貨しか受けつけません。欧州では金が通貨であり、イギリスは欧州で銀を買い漁ったので、大きな赤字を抱えてしまいました。そこで英国は植民地インドで阿片を栽培し、中国で売って、貿易赤字を減らそうとし、何百万かの中国人を麻薬患者にしてしまいました。それに対抗する中国が英国の阿片商人の製品を没収したので、英国は自由貿易の名の下に阿片戦争を引き起こしました。先進国の名誉の問題でもありました。一八四〇年頃から一八四二年の間の話で、日本が江戸時代末期、明治の開化が近づいた頃。結局はイギリスが勝利を収め、自分の商業条件を中国に課し、そのうえ香港を中国からもぎ取りました。

しかし同時に、中国茶に対してアメリカがイギリスと競合し始めた。しかもアメリカはイギリスより早くて効率のよい帆船を建造し、広東からニューヨークやロンドンへ出荷し始めた。アメリカはイギリスとの競争で勝利を収め始めたのです。中国茶の独占が終わりを告げ、イギリスはインドでお茶の栽培を始めることで活路を見出しました。その後のインドでのお茶の発展はご存じの通りです。

日本は阿片戦争に関与しないで済み、そのお茶は中国茶みたいに俗化もせず、日本独特の、気品ある緑茶の世界を作り上げることができました。現在ではヨーロッパで「日本茶」として売れているお茶は、そのほとんどが実は中国、ヴィエトナム等のアジアや、ブラジル、アルジェンチン等の南米からの輸入品です。これは「日本茶」という呼称が高級茶の像を与えること、更に、日本には原産地表示を保護する法律がないので、輸出国がそれを利用していることが原因です。

結局はアメリカがイギリスから独立し、それを機会に、アメリカの英語はイギリスの英語から決定的に離反して行きます。

一般に、イギリス人は説得するのは難しいが、一度納得すると忠実に従ってくれるそうですが、フランス人は相手に簡単に同意するが、その後に相手の足を引っ張り続ける、という評判です。確かにフランスはパリ条約を結んだにも拘らず、影では宿敵英国からの米国の独立運動を助けました。そして米国独立後の一八〇三年には在米仏人デュポン・ド・ヌムール（デュポン社の創始者）の提案で、ナポレオンは領地ルイジアナを米国へ売り渡してしまいました。米国へ恩を売ると共に、ルイジアナを英国の攻撃から防ぐためでした。

そういえば、ロックフェラーという富豪がいました。彼はもともとロッシュファイユ又はロックファイユ（岩葉）という姓の、フランス系の新教徒（ユグノーと呼ばれる）で、アメリカに移住してスタンダード・オイルという会社を興し、大金持ちになりました。しかしこれはフランス側の説であり、ドイツ側は、ロックフェラーはライン河近くのロッケンフェルドという村出身のドイツ系だ、と主張していますので、真実は分かりません。更には、ロックフェラーはユグノーで、一六八五年にフランスからドイツに避難し、その子孫がアメリカへ移住した、という説もあります。しかし最近、ロックフェラー家の子孫の一人がフランスに、家族とゆかりのある城を購入したそうですから、その辺に真実があるのかもしれません。

フランスとドイツはライン河の左岸と右岸で分かれてしまった人種なので、どちらの国籍であってもおかしくありませんが、盲目的な愛国心が入ってしまい、それが戦争へ通じます。そのような愛国心のことは英語で「ショーヴィニズム」と言いますが、これはフランス人のショーヴァン氏の考えから来ているそうですから、やはりフランス人は意味のない誇りが好きなのでしょう。

こんな「ショーヴィニズム」は「OK」という省略語の起源の話を思い出させます。語源学者のリード氏によると、ドイツ人は Oberst Kommandant（大佐殿）と言う呼びかけ語が起源だと主張し、フランス人は自分等がハイチ島に開拓した、特上のラム酒を生産する町 Aux Cayes（オーケーと発音する）から来ると主張しています。アメリカは候補が豊かで、市民戦争の間に兵隊へ配給したビスケット Orrin Kendall の頭文字、又は一六二〇年に英国教会を逃れ、メイフラワー号で米国マサチューセッツ州に上陸した清教徒達が祖国へ送った誤字の通信「Oll Korrect」の頭文字、又は旧大統領の愛称 Old Kinderhook の頭文字、又は第一次世界大戦中に死者がいなかった日には上司に「oKilled」と報告し、それが OK になった、と主張しています。イギリスにはあまり根拠がないらしく、単に、アメリカが OK という言葉を使い出す前から使っていた、と主張しているだけです。しかしどの説にも、確とした証拠はないようです。

かくして五大湖からミシシッピー河畔にかけてのアメリカは、仏語の名前を残したまま英語を話す地方になってしまいました。当時の米国エリートは仏語を話しましたので、フランス人は米国を助けながら、宿敵英国の英語が仏語に取って代わるなんて思ってもいなかったはずです。

フランス人開拓者の原住民アメロ・インディアンに対する態度は、武力で治めるより和を結ぶというやり方で、毛皮などの商売の他に、自分の宗教や文化を原住民に植付けようとする優越感が強かったようです。上に挙げた「混血民族の国」の話も思い出してください。そのようなフランス人の嗜好は、次のような歴史からも窺えます。

十七世紀の始め、アレクサンドル・ド・ロード神父はヴィエトナム語をラテン文字へ転換するという文化活動をし、その文字は今でもヴィエトナムで使われています。但し今のヴィエトナムは、仏語より英語を話す国になってしまいました。

ニュージーランドではジャン・ポムパリエ神父が一八三八年から布教を始め、原住民のマオリ族と友好関係を築き、マオリ語の文法書や教科書まで作り、現住民の尊敬を集めました。同じ時期、シャルル・ド・チェリーという冒険家はニュージーランドに広い土地を買い、フランスの植民地にしようと試みました。しかしこれらフランス人の個人的な率先力は、イギリス人の実利的で組織だった押しには勝てません。ニュージーランドはその後間もなくイギリスの植民地になってしまいました。

十九世紀の終わり、南アフリカへ移住したオランダ人の農夫達（ボーアズ）の間にステファヌス・ジャコブス・デュ・トワという牧師がいました。名前から分かるように、彼はフランスから追い出された新教徒、つまりユグノーでした。彼は南アフリカで英語に対抗してアフリカーンスという新語を作りだしました。残念ながら、南アフリカは概ね英語圏になってしまいましたが。

このように、フランス人は昔から文化を重視し過ぎるという欠点がありました。しかも組織より個人の名誉欲が先走りする傾向もあり、新しい言葉は作ってもフランス語の普及にはあまり強くありません。こんな性格はフランス人の欠陥ではありますが、誇りでもあります。

イギリスがそもそもアメリカを必要とした理由の一つは、犯罪人の追放地として用いることでした。カナダは英国に組みしてアメリカの独立に反対して戦った国ですから、そこへ犯罪人を送る訳にはいかない。アメリカの独立に到って、英国は新しい追放地を、発見されて間もないオーストラリアへ変えたのです。

フランスは幾つもの新開地でイギリスと一番乗りを争いましたが、結局は北方民族であるアングロ・サクソンとノルマンの子孫達の力に負けました。厳しい気候や質素な食べ物に慣れ、冷徹な規律を守り、情を移さない北方民族の子孫の方が、新開地ではずっと効率が良い。ジェームス・カーヴィル氏による戦争の叫びは、当時の英国軍の非情さをよく表しています。

「我が進むときは我に続け、我が後退するときは我を殺せ、我が死ぬときは我の仇を討て」

フランス人なら戦争の無為に思いを馳せ、大将は先頭に立たず、家来は地位を譲り合うだろうと思います。フランス人とアメロ・インディアンとの関係とは違い、英国人は新開地では原住民の子供達を家庭から取り上げ、寄宿制学校へ入れ、英語を覚えさせることもやりました。ただ、十八、十九世紀の勇敢で荒々しい北方民族には、それは非人間的な取り扱いというより、文明化を進める一つの手段だったのかもしれません。

英国はボクシングやラグビーみたいな荒々しいスポーツを発達させた国でもあります。この二〇一一年にイギリスの飲み屋で、親達が十才に満たない息子達を囲いの中で素手にて戦わせ、お金を賭けて遊んでいたことが分かりましたが、子供達はそこでフェアプレイや紳士になる気高さを学ぶのかもしれません。しかもこの遊びは法律に違反さえしないそうです。

しかし心にもなく、英国の将来は米国に依存するようになってしまいました。米国は大きな国で人口も多く、そこの文化が世界へ広まる軌道が作られています。例えば本を例にとりましょう。

米国で英語作品が生まれると、米国出版社はアメリカとカナダでの販売権を独占し、別の独占販売権を英国の出版社へ売り付けます。英国出版社はそれを昔の植民地オーストラリア、ニュージーランド、南アフリカ、シンガポール、香港などへ販売する。米国と英国の出版社はこれらの広い市場でもとを取ったあと、残りの世界市場で初めて、自由競争の原理の下で非英語国の出版社と競うことになる。既にもとを取っている米出版社が勝つことは明らかです。かくして、日本や仏国は英国を介し、米国文化に合わせて踊ることになります。

世界の人口の五％か六％しか占めない米英国の思考や嗜好が、残りの九五％近くのそれを支配するようになるのは、どうも均衡がとれていません。そんな傾向に追従するのでなく抵抗しなければ、その傾向は次ぎの破局まで続くでしょう。金融界に次ぐ、世界文化の破局。

私達は少し被害妄想かもしれません。ただそのような世界地図は、チャーチルが第二次大戦中に描いた、英語国が世界を牛耳るという構想を彷彿とさせるのです。英語が国語でない人々に、何と失礼な構想でしょう。ところが半世紀後になってみると、日本人やフランス人みたいな、英語文化がなく社会哲学も考え方も違う国民が、英語を学ぶために人生の主要な部分を犠牲にし、否応なくチャーチルの構想に貢献しているのは皮肉なことです。しかもそのような意識さえなく。

しかし英語、その不実さ

世界の生徒の読み書き試験では、韓国とフィンランドはいつもよい成績をあげます。彼らの国語では読み書きが例外的に簡単なことにもよるようです。

それに比べると英語は同じ発音にいろんな書き方があり、また、同じ綴りがいろんな風に発音されます。食糧（FOOD）と製品（GOOD）と洪水（FLOOD）を比較すれば明らかです。これら三種のOO綴りはフード、グッド、フラッドと三様に発音されるのです。

ジョージ・バーナード・ショウは、英語発音の異常さを皮肉ってこう言いました。

「魚（FISH）はなぜ（GHOTI）と書かないのか」

その心は、ENOUGH（イナフ）の「GH」と、WOMEN（ウイマン）の「O」と、NATION（ネイシュン）の「TI」を合わせて発音すると「FISH」となるからです。

更にスターマー氏は、綴り「OUGH」が幾通りに発音されるかを調べました。

「A rough-coated dough-faced ploughman thoughtfully strode coughing and hiccoughing through the streets of Scarborough」

これらの八つの「OUGH」の発音の仕方は、全部異なるのです。

二〇〇三年の調査では、英語の読み方を習得するには、仏語や独語や西語などに比べて二倍の時間がかかります。日本語の漢字が、同じ発音で幾つもの意味があるのとよい勝負。それにこの英語の柔軟さ。あらゆる語彙を真空掃除機のように吸収してしまう。その点も、日本語がカタカナを使ってあらゆる外国語を簡単に吸収できるのに似ています。

暇のある人の計算では、英語には四四の音があり、二六個のアルファベットの文字では発音しきれません。しかもそれら発音には少なくとも二五〇の書き方がある。そして、発音通りに書くことができる、または書く通りに発音できる忠実な単語は、たったの一〇〇〇位しかありません。過去形に関しては数千の規則動詞の他に、約一六五の不規則動詞がありますが、不規則動詞は三つの音韻規則で説明できるそうです。その例は「SING」（歌う）が「SANG」に、「DIG」（掘る）が「DUG」に、「BRING」（もたらす）は「BROUGHT」となるようなものです。

しかも規則動詞と不規則動詞を区別することは、英語を話す人の精神状態を形成します。確かに仏語や独語の過去形には英語みたいな不規則変化はありません。つまり英語国民は過去形で話すとき脳の中の二個所、規則の実行を扱う個所と記憶を扱う個所、を連結します。そして規則動詞を規則に従って実行する合理的な機能と、不規則動詞の類似性を連想的に記憶する機能という知的構造を使い分けるのです。[2] 果たして、東洋人が懸命に英語を学んだとしても、これら生まれながらに英語を話す人のように、話しながら二つの脳を使い分ける感性を学べるでしょうか。

ただ、外国人が英語を使うことには利点もあります。余計なおしゃべりをしなくなること。誰も本当の英語のニュアンスを知らず、適切な表現を探すのに頭を使いますから。やはり、真面目な討論や哲学的な話は自国語でしかできません。

英語は貴方（THOU）という単数形を廃止し、貴方達（YOU）という複数形だけを残して、今では相手は誰でも「YOU」と呼ぶようになりました。しかし心ある知識人は先達の愚かさを恨んでいるはずです。なぜなら今では、YOU が複数なることを示すためには、わざわざ別の言葉を付け加えなければならなくなったから。地域により「YOU GUYS」と言ったり「YOU ALL」と言ったり「YOU FOLKS」と言ったり。ニューヨークの市民は YOUSE と言うそうです。

英語には性も敬語もなく、先生でも赤子でも「ユー」と呼び、誰でも彼でも名前（姓ではない）で呼びます。たった二百年前、ジェーン・オースティンはドイツ語みたいに二五は「五と二〇」と書いていたし、百数十年前のブロンテ姉妹は名詞を性で区別し、百年前のキップリングは「ザウ」と「ユー」を区別していましたから、英語の変遷は早いもの。今では「貴方」も「お前」も「先生」も「てめえ」も「きさま」も「貴殿」も「貴女」も、全部同じ「ユー」ですから、明らかに言葉に深みがありません。幸いにも、自分を指す場合はまだ単数（アイ）と複数（ウイ）を区別できますが。

英語では文の最初を大文字で書きますが、その他には原則がありません。フランス語では文の最初の文字や固有名詞に大文字を使い、ドイツ語では更に名詞の最初の文字を大文字にします。英語ではその他にもよく大文字を使います。禁煙の表示は「No Smoking Please」と書くべきなのか、「No smoking please」が正しいのか、頭字語である「ユネスコ」は「UNESCO」なのか「Unesco」なのか、はっきりしません。どうも英語の原則は、第三者が間違いなく理解できればよい、ということらしい。従って、強調したいがために、何が何でも大文字で書くことが多くなりましたが、正統派はそれを制限するように努力しています。

そう、英語には原則がないのです。普通は自分の国にない物を表現するときには原語を使います。例えば柿や椎茸や山葵はフランスにはなかった食物なので、それぞれカキ、シイタケ、ワサビと呼ばれています。ところが英語では必ずしもそうではありません。英国商人がトルコでおいしい鳥を食べたので、それをトルコという名前でイギリスへ輸出しました。今ではトルコ政府からトルコを軽蔑する言葉だとして抗議されています。トルコではその鳥は「ヒンディ」と呼ばれ、インドから来たことを示唆しています。その鳥は日本語では七面鳥と呼ばれています。

日本では年や性や地位や職業により呼び方を変えますが、「手前」という言葉は、自分のことを指すのか相手のことを指すのか、情況により解釈しなければならない。幸いにして日本語では、面倒になれば主語を削ってしまい、複雑な情況を想像の世界へ変身させることさえできます。

イギリス英語が方言となるとき

オックスフォード大学では一九二一年まではフランス語を選択できませんでした。理由は、そこへ入学するほどの知識層なら、みなフランス語に堪能だとみなされたからです。現代はそれほどではなくなったにしろ、イギリスは伝統的にフランス語を第一外国語として学ぶ国でした。イギリスにとって、欧州各国は友人に過ぎませんが、フランスは家族の一員です。家族だから仲が悪いのでしょう。

イギリスの中学校（一四から一六才）は昔から、少なくとも一つの外国語を教える義務がありましたが、二〇〇四年からその義務がなくなりました。そのせいで、一六才で受ける学力試験のときに、既に半数が外国語を放棄するそうです。政府は、今後はもっと若い、七才から一一才の生徒に外国語を学ぶように奨励する、と言っていますが、どうも外国語教育を放棄する前の口実のように聞こえます。

イギリス人でさえ、将来の英国が外国語を話せなくなるのを想像して、次のように皮肉っています。英国の報道記者がアフリカの旧フランス植民地へ乗り込み、そこで展開する種族間の虐殺の記事を取るときの悲劇、いや喜劇、を想像した場面です。

「XXテレヴィ局の者です！　強姦された人、手を上げて下さい！　但し英語を話せる人！」

いや、実は英国人も、特殊な外国語を持っています。それは、

「土地の人が分かってくれないときに使う、ゆっくりと、声を高めて繰り返す英語です」

内緒の話をしたいときは？

「分かり難い表現を、早口で話すしかありません」

英語には綴りの他にアクセントの問題があります。それは地域によって異なり、英国内でもそうで、スカウス・アクセント（リヴァプール近辺）、ブラミー・アクセント（バーミンガム近辺）、ジョーディ・アクセント（北英）、エスチュアリ・アクセント（ロンドンを含む南東部）、しかも後者はジャマイカやインドのアクセント、これらのアクセントと方言がイギリス全体で広まっているそうです。昔に比べるとテレヴィが波及し、人が移動し易くなったにも拘わらず。

しかも、イギリス人には英語国で生まれたという大きな言語学上の障害があるのです。それはどの外国人（例えばスワヒリ人）も、自分の英語は英国人の話すスワヒリ語より質が上だ、と思っているので、英国人には外国語を話す機会さえないのです。

ただ、イギリス自身は既に一九七四年の調査で、商売を英語だけでやろうとするのが間違いだ、と悟りました。イギリスからの輸出は英語ではなく、市場国の言葉を話すかどうかに直接に関係していることが分かったからです。更に二〇〇六年の多国籍企業に関する調査では、約二〇〇の市

場での交渉では英語が優先的に用いられますが、ドイツ、オーストリアを含む一五の市場ではドイツ語で交渉する方が輸出は伸び、フランス、ベルギー、ルクセンブルグを含む八市場ではフランス語を用いる方が輸出は伸びます。

しかも、これら調査のずっと前から、次の格言がありました。

「車は客の言葉で売り、自分の言葉で買う」

この金言は日本人が作ったものだそうです。

今ではイギリスの市民権を取るには、英語の試験を受けなければなりません。既に英語を話す国（オーストラリア、ニュージーランド、カナダなど）からの応募者は特定の判事や教員や町会議員などによる認証が必要です。ところが、英国とこれら英語国ではときに単語が異なるという点の他に、認証する方の英国人が候補者より英語に弱いという現象さえ起こります。なぜなら英国の議員になるには英語は必須ではなく、英語が母国語でない町会議員が沢山いるからです。

最近のウエールズ地方では、道路標識にウエールズ語を使うようになりました。しかも英語の前に置くのです。そればかりか、ウエールズ語を話すウエールズ人の人口を増やすため、十九世紀にアルジェンチンへ移民していたウエールズ人をイギリスへ呼び戻す作業さえ始めました。

イギリスの南西端にあるコーンウオール地方にもケルト系の人種が住み、伝統的にはコーニッシュ語を話していました。コーンウオールでは牛でさえ英語を話すのを拒否する、と言われた位でした。そのコーニッシュ語が英語のせいで消滅する寸前でしたが、欧州連合の補助により、今では道路標識に使うほどに復活しました。

アメリカ英語が世界に拡がるにつれ、英国は将来にはスイス化される恐れが出てきました。ご存知のように、スイスにはドイツ語圏とフランス語圏とイタリア語圏とRHETO-ROMANCHE圏があります。ドイツ語圏は隣のドイツからの独立を守るため、自分らの方言「シュヴァイツアー・デュッチ」に執着しています。かくして、自分等はドイツ語に不自由なくても、ドイツ人はスイス方言に苦労する、という情況が生じます。英国と米国の間でも将来は、英国人は米国英語が分かっても、米国人はイギリス方言の理解に苦労する、という状態になるかもしれません。

英語が更に拡がり、中国人やインド人やインドネシア人が英語を自分のものにするときは、米国人や英国人には東洋英語が分かっても、東洋人には米国人や英国人の方言が分からない、という情況になりそうです。

米語は英語から分枝し、幹となる

ここで、ジョージ・バーナード・ショウの言葉を思い出しましょう。

「イギリス人とアメリカ人は、一つの共通の言葉で分離された、二つの偉大な国民である」

まず、ある対象を単数とみなすか、複数とみなすかの感覚が、アメリカとイギリスで異なるようになりました。

米国では、ある名詞が単数か複数かの問題は、形式（複数用のSが含まれるかどうか）により単純に決まり、逆に英国では実態により判定されるようです。「政府」という単語は米国では「THE ADMINISTRATION IS………」と単数扱いですが、英国では政府は幾つかの省から成りますので、「THE GOVERNMENT ARE………」と複数扱いとなるそうです。

スポーツなどのチームでは、米国では単数形で「YANKEE」と書くか複数形で「YANKEES」と書くかによって単純に扱い方が決まるようですが、英国では「YANKEES」は複数形であるに拘らず、チームとして活動するときは複数扱い、クラブとして考えるときは単数扱いとなるようです。つまり、試合中なら九人の選手がいるので複数扱いとなり、株式市場では一つの単位だから単数扱いになる訳でしょう。

他に気が付くのは、交通機関の呼び方の違いです。鉄道（レールロード対レールウエイ）、自動車（オートモビル対モーター・カー）、飛行機（エアプレイン対エアロプレイン）、航空（エアライン対エアウエー）、貨物自動車（トラック対ロリー）の違いのほかに、部品の用語にも多くの違いがあるようです（例えばトランク対ブート）。

質と量はなかなか両立しません。広がるものは必ず分枝して行きます。

フランス人がアメリカ英語の混淆で苦労しているように、英国人はアメリカ英語の侵入で悩み、そのせいで真の英語の基礎がずれ、明瞭性がなくなると非難しています。アメリカに多いゲルマン人種がドイツ語表現法を英語へ導入し、英語の変異を助けているとも言えそうです。アメリカ英語ではドイツ語に倣って、沢山の合成語が作られます。例えば「BREAKTHROUGH」（突破）はドイツ語の「DURCHBRUCH」から来ました。また直接的または抽象的な言葉が多く、使い易くはなっても、言葉の概念は不明瞭になる。ついに一九八〇年、著名なオックスフォード事典は、オックスフォード・アメリカ語辞書を出版するまでになりました。

報道界では既に八十年代以前に、アメリカの Associated Press とイギリスの Reuters は、それぞれ米国民と英国民に報道する業界のため、両国民に折衷的な語彙を提供する仕事をしていました。しかしどうしても国力の強い米国の方の表現法が英国を侵害し始めました。

欧州連合が大きくなって、東ヨーロッパが新しい加盟国になったとき、彼等は第一外国語をロシア語やドイツ語から英語に切り替えました。そこでイギリスは英語の先生の需要を期待したのですが、その期待は大きく裏切られました。これらの国々はイギリス英語には目を向けず、殆どがアメリカ英語の先生を採用したからです。フランスでも、英語の先生は多くがアメリカ人です。

ドイツの復讐

ジョン・ブルは典型的な上流社会の英国人で、しかも知識人です。イギリスのケンブリッジの近くに大きな農場を持ち、ヨーロッパの農業補助政策のお蔭で定期的に豊かな補助金を受け、小作人に任せて生活するジェントルマン・ファーマーで、選挙では先祖代々から保守党へ投票します。ただ生活が少し単調で、退屈になってきました。そんな時、アメリカのボストンで米国リベラル派の政治会議があると聞きました。ボストンの近くにはケンブリッジという町がある。英国ケンブリッジの先祖達がアメリカへ移民して建立した町に違いありません。その米国版ケンブリッジも訪問してみようと思いました。そこで一つ、同じ政治哲学を持つ米国の仲間に会いに行こうと思い立ったのです。

ボストンの会場では、会議は一種のお祭りで、演説者が次から次にこぼして行く米国の英語、フィード・バック、アップテイク、ボトム・アップ・サポート、ストリーム・ラインド・システムなど、ジョン・ブルには主題とどう関係するのかがはっきりせずに困りました。アメリカ英語は表現は簡単ですが、農業を営むジョン・ブルには実体がよく掴めず、概念が不明瞭なのです。長い、抽象化された名詞の連続。ジョン・ブルは少し疲れを感じ、会場を離れ、飲物を求めて

「参加者の憩いの場」に行きました。そしてそこで米国リベラル派の男と知り合ったのです。彼は、自分の名はジョンだ、ジョン・ベアだ、と自己紹介しました。ジョン・ブルは最初ジョン・ベアのアメリカ訛りで苦労しましたが、むしろ旅行の異国情緒として楽しむ気持になりました。

「欧州ではカナビスの合法化が大きな問題だが、私達の反対運動がどうにか大過失を食い止めている。アメリカはどんな情況か?」

「合法化すべきだと思う。中間業者が青年達に高く売り付けて儲ける現状をみると。私の子供さえ吸っている」

ジョン・ブルはすこし心の安寧が崩れてきました。しかし、リベラル人の間では他人の考えを尊重しなければなりません。黙って耳を傾けました。ジョン・ベアは続けました。

「しかも息子の学校では、ラバーの無料分配が検討されている」

ジョン・ブルは真剣な顔になって相手を中断しました。

「アメリカにはゴムを持っていない子供がいるのか。鉛筆はどうするのだ」

ジョン・ベアは一瞬たじろぎましたが、ハッハッハと笑い飛ばしました。

「ジョーク、例の英国ジョークだな」

ジョン・ブルは仕方なく苦笑いを返しながら、ハタと気が付きました。アメリカではイギリスの人間国宝コンドーム医師、その医師が発明したコンドーム製品のことは知られていないのかもしれない。しかしジョン・ブルは本当の紳士です。すぐに話題を変えました。

「ボストン方面からケンブリッジに着く前に、レイク（湖）があるな」

ケンブリッジの近くを車で通ったときに池にぶち当たり、出口が分からずに困ったことを思い出したからです。ジョン・ベアは頭の中でその地方を、磁気線でやるように走査していましたが、すぐに結論をだしました。

「NO WAYもっと西の方ならオンタリオ湖やエリー湖があるけど」

ジョン・ブルは一瞬、湖からの出口がないのかと思いましたが、どうもそうではない、単に湖なんかないと言っているようでもあります。ジョン・ブルは湖の横に立っていた「DRIVE SLOW」という標識を思い出しました。英国での「DRIVE SLOWLY」に当たるのでしょうが、ジョン・ベアとの会話に慣れるには、実にこのような細かい調整が必要なのです。

「いや、ケンブリッジのすぐ近く、確かフリッジとか何とか言った」

「何だ、レイク（湖）ではない、あのポンド（池）のことか。君の話しているのはフレッシュ・ポンドのことだろう？」

普通のプール（水溜り）やポンド（池）やレイク（湖）では、水が何処かから入り込み何処かへ流れ出るので、河の変形とも言えます。従って長方形の池の広さは幅の広さで定義する方が適切です。英国では幅三五メートルを境目に、それ以下の水溜りをポンドと呼び、それ以上の水溜りをレイクと呼びます。アメリカではその定義の桁が違うようで、レイクと呼ぶとオンタリオ湖やエリー湖みたいに、海みたいに広い水溜りになってしまうのでしょう。

ジョン・ブルはうまく話が通じないことにストレスを感じ始めて、話題を歴史へ変えました。歴史は世界共通だからです。

「米国が独立するときに英語が公用語として選ばれたが、きわどくも、たった一票の差で独語の挑戦を退けたと訊いた。お蔭で米国と英国は偉大な文化を共有する家族となったな」

ジョン・ベアは答えます。

「ザット・イズ・ヒストリー（それは歴史だ）」

英国のジョン・ブルは我が意を得たりとばかり、合槌を打ちます。

「うん、それが歴史だ。十九世紀末、ドイツ建国の父オットー・フォン・ビスマルク宰相はある記者に訊かれた。『近代歴史で最も決定的な出来事は何だとお考えになりますか』。彼は答えたそうだ。『それは北米人が英語を話すという事実だ』」

ジョン・ブルにとっては、自国の英語が米国でも話されるようになったのはイギリスの勝利であり、歴史として非常に重要なことでした。

ジョン・ベアは同じ言葉を繰り返しました。

「ザット・イズ・ヒストリー（それは歴史だ）」

そうです。ジョン・ブルにとってはそれが歴史なのです。歴史に学ぶことは非常に重要なのです。しかしジョン・ベアは、ジョン・ブルをからかうように言いました。

「ロジャー・シャーマンを知っているか、彼は独立宣言の作成者の一人だ。ロジャーはこう提案した。我々アメリカ人が英語を話すから、英国人はギリシャ語を話すようにしたらよい」

ジョン・ベアはどうも、歴史は過ぎ去った過去のことであり、現在とは関係ない、と言っているようなのです。ジョン・ブルは軽く抗議しました。

「何れにしてもドイツ語にはリズムが欠けるから、君の米国で使うには相応しくない。貴国の偉大なマーク・トウェインは言った。『ドイツ人が文を作り始めると、それが彼の顔を目にする最後となり、彼は口の中で動詞をモグモグと呟きながら大西洋の反対側に姿を現す』と」

ジョン・ベアは怪訝な顔をして尋ねました。

「HOW COME THAT?」

英国では聞きなれない英語ですが、なぜ？（WHY?）と訊いているようなので、ジョン・ブルは説明しました。

「ドイツ語では、長く続く文章の最後の最後に動詞が添加されるので、ドイツ人が何を言いたいのかが最後まで分からないことを皮肉ったのさ」

ジョン・ベアはジョン・ブルの博識さを認めながらも、米国人としての見識を示さねば、と思ったようです。

「トウェインの時代には、米国での言葉の問題のけじめがはっきりついていなかったので、ドイツ語に対する反宣伝をしたのだろう。でも今の時代に、ドイツ語促進運動が復活して来る心配はあるまい」

ジョン・ブルは指を交差させ、イギリス風に希望を込めて言いました。

「LET US HOPE（そう願いたいね）」

ジョン・ベアは意識もせず、止めを刺すように次の言葉を吐きました。

「HOPEFULLY（そう願いたいね）」

ジョン・ベアは感じていないようですが、ジョン・ブルはケンブリッジ育ちの教養からすぐに感知したのです。英国の英語には「HOPEFULLY」というような表現はありません。これはドイツ語「HOFFENTLICH」を直訳した英語です。ジョン・ブルはケンブリッジのフレッシュ・ポンド付近を運転したときの標識も思い出しました。今の米国の英語が副詞の代わりに形容詞を用いるという事実です。更に会議中の講演者が動詞の代わりの長い合成名詞を用いる事実です。これらはさながら、英語を装った独語なのです。これは十八世紀にドイツ語がアメリカの国語になり損なったことへの復讐です。フォン・ビスマルク宰相が生きていたら、さぞかし今の状態に満足することでしょう。ドイツ人の復讐です。更にジョン・ブルは気が付きました。ジョン・ベアは胸に会議参加者用のバッジを付けていますが、その姓「ベア」はイギリス系の「BEAR」ではなく、ドイツ系の「BEHR」だったのです。

ジョン・ブルは少し軽くみていましたが、実はジョン・ベアもかなりの知識人なのです。

「米国に旅行したアレクシス・ド・トックヴィルは既に米語が英語から離れていく兆候を見抜いていた。十八世紀の半ばだから、君の言うフォン・ビスマルクがドイツを作る少し前の話だろう」

ジョン・ブルは即座に答えました。

「それはまずい」

「それは米国での、民主主義の力のお蔭だ」

「民主主義？」

「商売上の合言葉や、工場で使う俗語や、今ではスペイン語が英語に入り、民主的な政治家や作家がそれらを好んで使ったからさ。文学界の星ジュノ・ディアズの小説を読んでみよ、スペイン語が分からないと内容も分かるまい。民主化。アメリカ英語がイギリス英語に比べて最も優れている点だ。僕等リベラル派の象徴だ」

ジョン・ブルは自分がおかしな立場にいるのに、もう疑いはありませんでした。しかし確認のために尋ねました。

「ジョン・ベア君、君は何党に属するのかね」

「もちろん民主党だ。僕も一介の進歩派だからな」

ジョン・ブルにはアメリカ英語は充分に通じなくても、全てが明瞭になりました。「リベラル」（自由主義）とは、英国では右派の保守派を指すのに、米国では左派の民主党を指すらしいことです。英国では右派の保守党は国の干渉を減らすと言う意味でリベラルであり、左派の労働党は資本主義を放任せず、組合の意志に依存するという意味でリベラルではありません。結局、リベラルとは何でしょう。米国では伝統からの自由を求める意味でリベラルですが、英国では規則からの自由を求める意味でリベラルなのでしょう。

でもジョン・ブルは、自分が米国のこんな土地にまで迷い込んだ、そんな生活の余裕が誰のお蔭かを痛いほどよく知っています。それは欧州委員会のお蔭。その反リベラルな農業補助政策、アメリカでなら超リベラルとも言える農業政策のお蔭です。ジョン・ブルはそのことは口にしないまま、ジョン・ベアに別れを告げました。

英語の特徴

いわゆる世界化とは、米語では「Globalization」、英語では「Globalisation」と言うと思いますが、フランス語では「Globalisation」と「Mondialisation」の二つがあります。日本語に直せば、地球化と世界化という二つの言葉に当たります。これはフランス人の特徴で、常に適切な言葉を見つけようと努力する習慣によります。言語学者クロード・アジェージュ氏によると、前者は後者の良い部分を指す、つまり地球化のお蔭で安い工業製品が消費者の手に入るようになり、各国が利益を受けた場合は地球化と言い、地球化のせいで、ハリウッドの映画がその価値観を世界文化に押し付けた、という場合は世界化となります。

このことはポーランド系の英国作家ジョゼフ・コンラッドの言葉を思い出させます。彼は十九世紀半ばに、ポーランド系貴族としてウクライナで生まれましたが、当時の貴族階級の常で、幼少時からフランス語を学び、十六才のときにフランスのマルセイユへ送られ、商船団で四年働きましたが、その後イギリスに渡ってそこの商船団で働き、結局はイギリス国籍を取り、英語で小説を書き始めました。ブルノ・フィリップ氏（ルモンド紙）によると、なぜ仏語ではなく英語で小説を書くようになったのか、と訊かれて、彼はこう答えたそうです。

「英語はとても加工しやすい言葉で、もし必要とする言葉が見つからなければ、別の言葉を発明することができます。しかしフランス語で書くためには、アナトール・フランスみたいな芸術家でなければなりません」

アナトール・フランスとは同時代のフランス作家で、フランス語を女性に例え、「そう（それほど）美しく、そう誇らしく、そう慎ましく、そう強情で、そう感動的で、そう官能的で、そう貞節で、そう高貴で、そう親密で、そう熱狂的で、そんなに素晴らしいので、人は彼女をあらゆる霊魂を尽くして愛し、決して彼女を裏切る気持ちにはなれない」と述べた人。

コンラッドの述べた英語の加工し易さのせいか、英語の単語は仏語の単語より六倍も多くなりました。それでも英語に言葉がないときは仏語をどんどん英語にして行きます。Bon voyage!（良き旅行を！）やBon appétit!（良き食事を！）は英語に（日本語にも）正確に相当する言葉がないので輸入されたもの、Bon vivant（美食家）、Savoir vivre（礼儀作法の良さ）、Joie de vivre（生きる喜び）、Douceur de vivre（人生の楽しみ）などは実利的なイギリスでは考えられなかったこと、Charlatan（大ほら吹き）Femme fatale（魔性の女）Cul-de-sac（袋小路）などは、昔のイギリスには存在しなかったからでしょうか。英語の語彙が増えた訳です。

確かにフランス語で文を作るときは「Mot juste」（的確な言葉）を選ばなければなりません。あまりにもそうなので、イギリス人は英語にはそんなフランス人の言葉に対する熱情を正確に伝える単語はないとみなし、フランス語を導入し、「Mot juste」はそのまま英語となってしまいました。

アメリカは大違い、便所の紙のことを米語では婉曲に「Bathroom tissue」（風呂場の紗）、義歯のことを「Dental appliance」（歯科器具）と言ったりするそうですし、死亡したことは米語でも英語でも「Passed away」（通って行った）とも言うようで、これらは的確な言葉からは程遠い表現でしょう。

日本語に関して言えば、外国語をカタカナにして書く場合は、大抵、的確な表現ではなく、わざと本当の意味を隠すため。ソープ・ランドとかラヴ・ホテルなどはよい例です。これらは「Mot juste」でない典型と言えます。

アメリカ英語でも洒落たいときや、強調したいときや、正確な英語が見つからないときは、よくフランス語をそのまま使います。しかしそんな習慣はアメリカで始まった訳ではなく、イギリス英語のときからの伝統です。ジェフリー・マッケイン氏によると、十六世紀から十七世紀にかけて生きたシェイクスピアは『ヘンリ五世』の一場面全体をフランス語で書いたし、そうでなくても、いろんな場面でフランス語を使いました。

現代アメリカ文学でも、簡単な言葉で née（結婚前の女性の姓）、élite（選り抜きされた人）、élan（勢い）、passé（時代遅れの）、résumé（要約）、fini（終えて）など簡単な言葉から、roman à clef（実話小説）、crème de la crème（社交界の粋）、film noir（陰鬱な犯罪映画）、à la mode（流行りの）、au pair（助け合って。例えば外国の家庭に住み込んで、家事を助けながら言葉を習う女性）、au courant（情勢に明るい）、au contraire（反対ですよ！）、cause célèbre（有名な事件）、avant-garde（前衛派）、déjà vu（ありふれたもの）、fin de siècle（世紀末的な）、de trop

（返って邪魔な）、de rigueur（儀礼の上で必要な）、Reponse s'il vous plaît（お答えをよろしく）Messrs.（メッシュー。ミスターの複数）などの複雑な言葉まで、まだ言葉を見慣れていない人が多いと思われるときはイタリック体や大文字で書かれ、常用化されたと思われるときには普通のフランス語で書かれます。勿論、これらの他にも沢山あります。クイジン（料理）やワインやモードの分野になると、英語で使われるフランス語は更に増えます。

英語が東洋化するとき

フランス人のジャン‐ピエール・ネリエール氏はIBMの社員で、一九九〇年代に日本に駐在し、東洋と西洋を往復する間に面白い発見をしました。日本人と韓国人が英語で会話するとき、彼等が英国人や米国人に対するときより会話がずっと円滑に進行していることに気が付いたのです。そしてネリエール氏は、英語を母国語としない人々と仕事の交渉や会話をするには一五〇〇語の英語しか必要でない、と結論するに到りました。そしてその簡易英語を「グロービッシュ」と名付けました。

東洋人の情況は、ヨーロッパという言葉のゲットーに住む若者達の情況に似ています。彼等は多くの物を共有し、同じような束縛と欲求不満を経験しており、彼らの考えを正確で深慮した言葉で表現する必要がなくなったのです。しかも東洋人は英国人や米国人の使う会話体が苦手なので、英語で働かねばならないときでも英米人以外の外国人と働くことを望むでしょう。

そのような傾向を和らげるために、イギリスの学校では外国人用に「オフショア・イングリッシュ」を教える学校を始め、大繁盛だそうです。グロービッシュに似て、単語を一五〇〇語ぐらいに限り、ゲルマン系の動詞の使用を避けて、フランス・ラテン系の動詞を使う。例えば「放棄する」ことを表すのに「give up」なる表現を避けて「abandon」と言い、「得る」と言うときには「get」の代わりに「obtain」を使うのです。

従って、英語による表現力が貧弱になってくることは避けられません。アーヴィン・ラズロ氏はハンガリア生まれの米国市民ですが、彼のように哲学をやり、人間の未来を予測し、繊細な感情を表現するには、二万ぐらいの語彙が必要だそうです。ただ私は、彼の哲学は英語ではなく、母国語のハンガリア語で構想されたに違いない、と信じています。

既に中国人と日本人が交渉で使う英語は、イギリス人やアメリカ人には判り難いほどになりました。アンクル（叔父）という言葉を知らないときは「父の兄弟」と説明し、メイヤー（市長）という言葉が思い浮かばなければ「町のボス」と言えばよい。そうすると、必要な英単語は基本的には一〇〇〇語と少ししかなく、暗記すべき漢字の数の半分に過ぎません。

中国人文学者と日本人文学者と韓国人文学者が集まって会議するとします。中国人は日本語に堪能、日本人は韓国語に堪能、韓国人は中国語に堪能ですが、三人とも英語は三〇％しか理解できません。しかし誰も会議からのけ者にされないためには、皆が不得手な東洋英語を使ってやらざるを得ません。フランス語域とオランダ語域の対立で苦しむベルギーのある教授は、このような場合に英語を使うことは最小排除の原理を適用することだ、と述べています。英語を用いることにより討論から排除される人は最小になるからです。しかし三人中の誰も、その英語を使って哲学を討論することができないのは明瞭です。

英語の内紛、アメリカ

英語を世界に広めた張本人のアメリカが、内部からのスペイン語の発展で、英語の権威を失いつつあります。

アメリカでは、憲法は英語を国語として保証せず、その代わりに市民の表現の自由の権利を謳っています。愛国心と建国精神さえあれば、英語を国語として指定する必要などあるまい、と考えられたせいでしょう。その後、国会では何度も、英語を国語と指定する案が出されましたが、時期を失したようで、その案は市民の自由と人種偏見反対を謳う運動のせいで成功しませんでした。そこで州単位で、英語を国語と制定する傾向が出てきました。それは弱さの表現でもあります。

既に五人に一人のアメリカ人は、家庭では英語以外の言葉を話しており、しかもその人口はここ二〇年のうちに二倍に跳ね上がるそうです。

もともと米国は英国から独立した国ですから、独立当時のイギリスを嫌う愛国者達が、国語を英語以外の言葉にしようと目論んだ時期があったとしても不思議ではありません。三つの候補が考えられ、一つはヘブライ語、二つはフランス語、三つはギリシャ語でした。その理由は、ヘブライ語は神様の言葉であり、フランス語はその合理性のため、ギリシャ語は民主主義の言葉だったからです。先に述べたように、米国が英語を独占し、英国にはギリシャ語を話させようという迷案もありました。

アメリカの独立時に官用語を決める時、英語が一票の差でドイツ語を抑えたという伝説みたいな話は先に述べましたが、アメリカ一般にドイツ系移民の影響が強かったのは本当らしい。州単位では、ペンシルヴァニアは住民の三分の一を占めるドイツ系と、メイン州とルイジアナ州はフランス系と、カリフォルニア州とニューメキシコ州はスペイン系を宥めるために二か国語制度を採用する運動がありました。しかしアメリカは「英語のみ」政策を押し通しました。ただ、十九世紀になっても国語の問題は続き、アメリカの中西部にはドイツからの移民が多くなり、中西部の幾つもの州はドイツ語の使用を法律で禁じたほどでした。しかしそれらの法律は憲法違反とみなされました。

しかし移民の波は防げません。一九六八年には連邦バイリンガル教育法令が発令され、米国全土で七十の異なる言葉と英語での二カ国語での教育が始まり、先生を集めるだけでも大変です。お金がかかります。先生は言葉と専門科目を知っている先生を見つけねばならない。それでも一九七四年のこと、サン・フランシスコの千八百人の中国系の生徒が英語だけでの授業を強いられたとき、最高裁は全員一致で、等しく教育を受けるという権利は言葉の障害で削減されてはならない、と判決しました。日本もフランスも学ぶべきですね。多くの学校では母国語での教育と共に英語を第二の言葉として教え始め、英語の水準が上がると普通の英語の学級へ入れる、という方法です。典型的な方法は、一時間科学を英語で教え、翌日には同じ科学をスペイン語で一時間教えるという方法。しかし両方の言葉で同時に教えることはしません。どうせ母国語でも説明してくれると思ったら、誰も英語を学ぶ努力をしないでしょうから。イリノイ州の例ではそのような二か国語での教育を受けた日本人生徒は一万人いたそうです。

そして今度はスペイン語系の移民です。一九八〇年代の末には米国の一三の州が英語を唯一の官用語とする、という法律を作り、他の二〇前後の州もそれを考慮していました。

米国フロリダ州のマイアミもそうで、一九八〇年に「英語のみ」政策を採用しました。しかしその後に大量のキューーバ人が移住し、九〇年代の初めに大マイアミ評議会は、英語を唯一の官用語とする法律を廃止。この地方は過半数がヒスパニック（南米やカリブ海からの移民で、スペイン語を話す人達）となり、評議会の役員も、ヒスパニック六名、黒人四名、いわゆる白人は三名だけだったそうです。アメリカの有力新聞もおおむねそれに賛成で、その理由は、英語のみに限ることは恐らく表現の自由を謳う米国憲法に違反するだろう、または、英語は大多数の言葉として偏在するので、特別の保護を要しない、など。

アメリカではスペイン語を母国語とする人が三千五百万人、つまり米人口のほぼ一三％となり、しかも十年ごとに倍増するそうです。学校では英語と西語の二カ国語の教育が広まりました。アメリカ英語は徐々にスペイン訛りを帯びてくる訳です。そうすると、アメリカ英語の学習に全力上げる日本も、スペイン訛りを付けざるを得ないでしょう。

しかしキューバからの移民も、戦時中のロシアからのユダヤ系移民も、その二世達は中学校や高校に通い、社会階層を上がるには英語を学ばなければなりません。大学では英語だけが唯一の言葉です。だから、米国英語がスペインのアクセントを持つようにはなっても、英語の立場は弱まらないのかもしれません。ただ分枝するだけです。

しかし、アメリカの家庭で英語を話さない人は、スペイン系ばかりではありません。中国語、フランス語、ドイツ語、ベトナム語、タガログ語、韓国語を話す人を入れると、前記したように、五人に一人のアメリカ人は家庭では英語を話していないことになるそうです。

しかしそのような情況では国のまとまりがつきません。そこで既に一九八三年、英語をアメリカの国語にしようという運動が始まりました。その発起人は日系のハヤカワというカリフォルニア上院議員でした。しかしこの運動は少し遅すぎた感があります。既に一九八六年の調査で、八人に一人のアメリカ人は英語を読めないことが分かったからです。

そればかりか、一九六五年の法律が人種の平等を謳って以来、アフロ・アメリカ人はまた別の英語を話し始めたのです。黒檀語（Ebony）とかアフリカ・アメリカ地方英語と呼ばれます。その英語は普通の英語に比べて語彙が違うばかりか、構造、動詞の時制まで違うようです。be動詞を削除し、所有格を示すコンマとSを削除し、疑問文でも主語と動詞の順序を変えません。古典的な英語しか学ばなかった者には、涼しいことを意味する「クール」がなぜ「かっこいい」ことを示し、腰部を意味する「ヒップ」がなぜ「バンザイ」を意味するのか分かりませんが、それはこの新しい英語に由来するそうです。

英語が希釈されるとき

消えてなくなりそうな言葉を救うには、使う人が二カ国以上の言葉を話すようになり、仕事・公用と家族・友人の間で使い分けるようにするしかない、と言われます。これは少数民族の言葉に関して観察された原理ですが、ひょっとすると英語にも当て嵌るのかもしれません。但し英語の場合は消えてなくなるというより、希釈されてしまって原則が見えなくなるのです。

今の英語は庶民の言葉から貴族的な英語へ格上げされた後、アメリカへ渡って民主化され、それから地球化されてオーストラリア、南アフリカ、カナダ、ニュージーランドなどへの移民英語、インド、アイルランド、シンガポール、カリブ海などの植民地英語へ分化されたものです。世界中であらゆる人が余り定義のはっきりしない英語をモグモグと話しながら、新しい言葉を作っていきます。そのせいで、今の英語は種々の地域英語へ分散され、その内に米英の英語に代わり、中国英語やインド英語に分枝することでしょう。ラテン語が西暦五〇〇年頃にスペイン語やイタリア語やポルトガル語やフランス語へ別れたように。

皮肉なことに、現在のイギリス人の話す英語は普通の英語ではない、とみなす人が多くなって来ました。テレヴィでもイギリスのBBCはあまり売れず、アメリカのCNNが世界に君臨しています。あるイギリス人は、自分はしばしば、褒めるに足る英語を話すハンガリア人かチェコ人とみなされた、と皮肉っていました。

二〇〇五年のユネスコ調査では、世界で話される主要語のうち、フランス語は八番目、日本語は一〇番目に過ぎませんが、フランス語は本国よりも外国で話される割合が多いという極端な国で、日本語は逆に、日本国外で話される割合が皆無に近いという極端な国です。

同じ調査によると二〇五〇年には、一五から二四才の若者が自国語として話す言葉は、中国語、ヒンディー語、アラブ語の順で、その後に英語とスペイン語が僅差で続きます。その後にはブラジルのポルトガル語が来ますので、スペイン語とポルトガル語の近似性を考えると、英語よりスペイン語を学ぶ方が交流し易くなりそうです。それでも日本語は、若者が話す九番目の言葉として残ります。

二〇世紀の終わりには、二〇〇〇年になると世界人口の四分の一、即ち一五億人が英語を話すと予想されていましたが、二〇〇五年の調査では実際には予想の三分の一に満たないようです。しかし既に二〇世紀の終わりに、英語に流暢なアジア人の人口が米英のそれを追い越しました。ただ、アジア人の英語は、英国人や米国人の英語とはかなり異なるようで、最近オーストラリアで、アジア英語の事典が編纂されたほどです。

英語を話すことが国の誇りとなり、社会的成功の象徴となり、国の興亡に関わると考えている国ほど、彼等の話す英語は判りにくい。シンガポールやインドがそのよい例です。これらの国では、英語がうまいということは早く話すことと比例するようで、例えばシンガポール航空に乗って、英語が判った験しがありません。相手は自分の英語が理解されたかどうかはどうでもよい。エリートは英語を理解するはずで、理解できない者はエリートでなく、エリートでない者には興味がない、そんな感じです。自分等の抑揚のない声帯の早口英語が原因だとは思いもしないようです。これはシングリッシュと呼ばれています。

歴史家フェルナン・ブローデルによれば、古代メソポタミアで農耕地帯の住民達が女神崇拝から男神崇拝に変ったのは、社会制度の改革のせいではなく、単に耕作用の鋤が発明されたからでした。そんな歴史によれば、将来、英語に取って代わるのは別の言葉ではなく、計算機による自動翻訳機でしょう。ヨーロッパでは欧州連合のおかげで、今では英独仏語の間での自動翻訳の技術はずっと進歩してきました。言葉の歴史の長さを考えれば、この技術は本当に短期間の内に随分と進歩し、更に進歩するでしょう。

日本のドコモという会社は携帯電話で話すときに日本語と英語、中国語、韓国語を自動的に翻訳する。つまりある人が日本語で話すとそれをドコモ社の電算機が聞き分けて計数化して数秒中に男か女の声に変えて送り返します。翻訳用の眼鏡をかけて原文を読む、という方法もあるそうです。

欧州連合は、文の構成が簡単で明瞭なエスペラント語を仲介にして、他の言葉へ機械翻訳する体系も研究しています。あるいは、次の新しい発明は、口の動きから意味を読み取る通訳技術かもしれません。そのような技術の発展により、英語より自分の母国語を完全に学ぶことが、更に重要になる時代はそう遠くないはずです。

別の脅威は、インターネットによる文章の通信の発達で、英語が極端に簡略化されつつあること。イギリス人のギル氏によると、既に一九一九年、フランス画家のマルセル・デュシャンはモナリザの絵ハガキに「LHOOQ」と書いて送った。最初の「L」は仏語のアルファベット読みでは「エル」、発音的には「Elle」つまり「彼女は」にも該当。同じく「HO」は仏語のアルファベット読みでは「アッシュ・オー」、これは「……が熱い」と言うときの発音にも該当。同様に「OQ」の発音は「オー・キュ」つまり「尻が」。全体の意味は「この女は尻が熱い」つまりは「この女は盛りがついている」。そんな意味を簡潔にLHOOQで表現したのです。こんな記号表現では、字を読める人も、読めない人も区別できなくなり、文章でものを考える力も、感情を表明する力をも失ってしまう恐れがありそうです。読解力や文法なんて問題ではなくなり、思考力を殺すかもしれません。もしインターネットの社会網（フェース・ブックなど）を使ったブラブラしゃべりで明け暮れれば、物を深く考える時間は更に殺されてしまうでしょう。

イギリス英語の行方

昔は学問をするために言葉を選び、一時は子供を良い学校や良い学級に入れるために言葉を選びましたが、今は将来の稼ぎが多くなるように言葉を選ぶようです。その良い例はスイスです。既に国語としてドイツ語とフランス語とイタリア語とラテン語に近いロマンシュ語という四つの言葉が国語だという特殊な事情があり、またドイツ系のスイス人でもフランス語系の名前を使うことが多いし、「ダンケ・シェーン」という代わりに「メルシー」という国柄です。マリリン・ボマール女史（ルモンド紙）によると、そのせいでスイスには言語の経済学という専門が存在するそうです。

以下は彼女の話ですが、ジュネーヴ大学の経済学者グラン氏によると、スイスでは英語に堪能であると、給料は少なくとも一〇％上がる。更に、ドイツ語系のスイス人がフランス語を話せれば給料は一〇％上がり、逆にフランス語系のスイス人がドイツ語を話せれば一八％上がる。従って英語を話す利点は比較相対的なものです。更にベルギーの話ですが、ここではフランス語とオランダ語とドイツ語が国語ですが、中国語を話せる人の給料は七％上がるそうです。アメリカの研究者によると、インドでは英語ができれば価値が三分の一上がると計算されました。しかし英語の特典はそんなに長く続くものではなく、推定によると、英語はあと三五年かそこら経つとすっかり一般化し、そんな付加価値も長くは続かないと思われています。皆が英語をある程度習得した段階になると、特別の技術ではなくなるのは当然。

インドに関しては、この国には統一された国語がないので、それぞれの国語を持つ日本やフランスには応用できないはずです。しかも交流手段でしかない英語を話す人が国のエリートになり、国の富を独占してしまうのは由々しき問題で、これは後進国症候群でしょう。

ベルギーの言語学者クロード・ピロン氏によると、一つの外国語を十分に読んで書けるようになるには、毎日十時間（日曜も含む）勉強して四年かかるそうです。スイス（フランスも）の教育費の一〇％は外国語の教育に費やされるそうなので、その投資は大きなものですが、スイスの国内総生産の一〇％は多言語制度のお蔭だそうですので、その努力は何倍かになって返ってくる訳です。

スイスやベルギーには多くの国連機関や国際機関が集中しており、確かに沢山の言葉を話すことが利益に通じる。しかしそれも、両国が小さな国であることの利点が大きいと思います。スイスやベルギーの状況を日本やフランスのような大きな国に当てはめられるかどうか。

多くの人にとって国際英語を学ぶのは、必ずしもそれを愛するからではなく、それが齎すと思われる利益のせいに過ぎません。英語はその表向きは、簡潔で、実用的で、情報伝達に便利で、商売に役立ち、律動（リズム）を伝える言葉です。

しかし裏面では、形を持たず、間違いを許し、いろんな外来語を受け入れる、寛容な言葉です。英語は言わば融けたガラスのようなもので、伸ばしたり、切ったり、形にしたりできる柔軟性がある。綴りを間違っても、発音を間違っても、単語の位置を間違えても、最後には英語になってしまうという、おかしな言葉です。英語は形にこだわらず、単語や文章が短く、構造が簡単で、単語に性もなく、誰でも近づき易いのが特徴です。そのせいで、今ではいろんな国で、異なる英語が話され始めました。ただ、その分だけ正確さに欠けることにもなります。

実際、深い哲学を表現し、微妙な法律問題を扱うときには、使う英語に注意しなければなりません。アメリカの法律用語では今でもよく、フランス古語に由来する単語を使うことをご存知でしょう。英語みたいに語彙が多く、慣用句が多いと、意味が不透明になり、その上に前置詞により成句の意味が変わってしまうので、大変危険です。

そこで英国人は、簡易にし過ぎて不正確になった英語を、なるべく正確に使うように大きな努力をしています。単語の順序を変えたり、関係代名詞を繰り返したり、リズム感に意味を与えたりして、文章は簡明でも、曖昧さなく理解されるように努力します。

それは日本人も見習ってよい点でしょう。例えば「それは」と言う言葉が使われたときは、それが前文中の何を意味するのかは、作者が責任をもって明確にしなければなりません。現代の日本語では、漠然と「それは」と書かれてしまって、読者の方がその「それ」を探し回らねばならないという場合が何と多いことでしょう。

代名詞の「Which」を使い、それが直前の名詞に懸るという原則から外れるときは、その代名詞がいったいどの名詞を代名するのかを明瞭にするために、いろんな手段が講じられています。更に英語にはリズム感により、冠詞を添加したりしなかったり、しかも冠詞の省略によって意味が不明瞭になるかどうかまで考慮されます。

自分の言葉が国際語になるのは、保有外貨みたいなものだ、とも言われます。短期には悪くないが、長期には不幸しかもたらさない。ここで思い出すべきは日本です。一九九〇年頃までの日本は、日本語を駆使して国の守りを固め、外国に出ると英語を呟きながら日本製品を販売し、投資し続けました。英国の知識層は次のような意見さえ吐いています。イギリスは当時の日本の政策を見習い、本来の（不実な）イギリス英語に戻って国を守り、国際英語の役割はアメリカ英語に任せるべきだ、と。その意見が聞こえたのか、二〇一〇年、イギリスは「イギリス英語を守る協会」を発足させ、正しい英語を定義するという作業を始めました。実に、フランスが「アカデミー・フランセーズ」を設立して、仏語を外国語の汚染から守る作業を始めてから、三七五年も後になります。

一方でイギリスの学校は、イギリス英語とは区別して、アメリカ英語を教える特別の教課を開設し始めました。

最初のグロービッシュはアフリカの言葉だった

人間は同族や仲間同士の結婚が多くなれば、それだけ退廃する。だから、多様性は生命保険みたいなものです。

言葉の種類と鳥の数は、緯度が低くなり、森や山の面積が大きくなるほど多くなり、言葉の存続が危ない国ほど野鳥も消滅してしまう危険があります。[3] 現在世界には六千から七千の言葉がありますが、二十二世紀までには半数が消えてなくなると言われます。

言語学者ウイルヘルム・フォン・フンボルトは、既に十九世紀に次のように言いました。

「言葉は物事に対する我々の見方を形成するのに貢献する。言葉が複数あることは、世界の見方が複数あることに相当する」

現代の、マサチューセッツ工科大学のケネス・ヘイル教授によると、

「ある文化の大部分は言葉の中に暗号として含まれているので、ある言葉が無くなると、文化の大部分も消えることになる。ある言語を失うことは文化や知的豊かな芸術作品を失うことになり、博物館へ爆弾を落とすようなもの」

満州語は二五〇年続いた清朝の言葉ですが、清朝が一九一一年に倒れた後、その言葉を話す人はほとんどいなくなりました。ハーヴァードのエリオット教授によると、満州語は日本の清朝研究者の訓練手段だそうです。そのような言葉さえ、たった百年の内に消えてなくなる運命になるとは、日本語への黄色信号と言えます。

私にとって最も強烈な警告は、レヴィ‐ストロース氏の次の単純な言葉です。

「人間の世界は少しずつ単一の文化に馴染み、大量文明を作る準備をする。栽培は米だけに限ろうとするみたいに」

もし栽培が湿地帯の米だけに限られたら、乾燥地帯の価値は忘れられ、小麦やソバやクスクスは市場に見つからず、朝食からパン食が消え、夏のザルソバの繊細さは味わえなくなってしまうでしょう。

ここで、ある言語が独立した一つの「言葉」であるか、または他の言葉の「方言」に過ぎないか、は区別されねばなりません。日本には東北弁とか筑後弁とか、方言は沢山ありますが、言葉としては日本語と名乗る一つの言葉に属するのでしょう。ある専門家によると、二つの言葉が独立した言葉か又は地方の方言に過ぎないかを見極めるには、六〇〇語の基本語を翻訳してみます。そして八五%以上の基本語が共通の場合は、一方は地方の方言に過ぎない、と判定されます。

ホモ・サピエンスが他の動物より成功したのは、頭の良さと、器用さと、協力性と、それから言葉を使う才能だと言われます。人間の言葉の才能は、単純化して言えば「FOXP2」という遺伝子に影響されます。これが変質するとうまく話すことができなくなる。この遺伝子は七一五個のアミノ酸から成る蛋白質を作りますが、人間は二十日鼠とたった三個、チンパンジーやゴリラとはたった二個のアミノ酸が異なるだけです。生物の進化の歴史は一億五千万年ですが、猿が二十日鼠との共通先祖から分かれたのが七千五百万年前、人間が猿との共通の先祖から分かれたのが七百万年前ですから、この七百万年の間に二回の変異が起こり、そのお蔭で人間は約一二万年前かその後に会話ができるようになったと想像され[4]、今の人間がアフリカから世界征服に出掛けた六万年前には、既に世界の共通語を話していた、と考えられます。世界で最も人種の数が多いのはアフリカであり、人間の遺伝子の多様性は地理的にアフリカから離れるに従い減って行くので、人口遺伝学の観点からは、世界の人間の源はアフリカだと結論できるそうです。言葉に関しても、各言語に共通の音素の数を比べると、アフリカから離れるに従って減って行くことから、アフリカ人は既にお互いに会話しながら世界中に移住していった、と考えられます[5]。またそう解釈しないと、世界中のあらゆる言葉の間で、同じ単語が幾つかの関係のない意味を持ち、また、同じ対象が幾つかの異なる単語で表現できるという事実が説明しにくいのです。もちろん移植途中で、先にヨーロッパに住んでいたネアンデルタール人や中央アジアに住んでいたホモ・エレクタスのデニソヴァ人の言葉を吸収したことも考えられます。

ただ、言葉の発生を遺伝子だけから説明するのは単純すぎるという批判も見逃せない。もっと人体の進化の観点からの説明も必要でしょう。例えば鼻腔が狭くなると、言葉を区切って話せるようになるそうです。それが本当なら、西欧人は日本人より狭い鼻腔を持っているので、区切って話すのも日本人よりうまいことになるでしょう。ところが、現実は反対のようにも思えます。

今世紀の若者達が携帯電話を使い、テキスト・メッセージを書いて送る速さを見ていると、新しい道具を得た新しい人種が生まれた印象を受けます。まるで人類の縮図を見るようです。ホモ・ハビリスがエチオピアで発生し、ある道具を使って変化してホモ・エレクタスに進化し、ホモ・

エレクタスは別の道具を得てホモ・サピエンスになりました。結局は新しい道具を所有する者が生き延びるのでしょうか。

複栽培人間への誘い

イザベル一世はイザベル・ザ・カトリックというあだ名を持ち、コロンブスのアメリカ発見に到る航海を支援したスペイン女王ですが、その孫にカール五世という人がいます。彼はベルギーのオランダ語圏で育ち、ヨーロッパ中を馬で旅行し、スペイン王というより、ヨーロッパの王として君臨しました。十六世紀の前半の話です。デボラ・キャメロン女史によると、彼の述べたという言葉は、国によって幾分異なって伝えられています。

英国では、

「予は神にはラテン語で、音楽家にはイタリア語で、兵隊にはスペイン語で、従僕にはドイツ語で、婦人にはフランス語で、予の馬にはイギリス語で話す」

仏国では、

「予は神にはスペイン語で、女性にはイタリア語で、男性にはフランス語で、予の馬にはドイツ語で話す」

独国では、

「予は法王と話すためにイタリア語を学び、予の母にはスペイン語で、予の叔母にはイギリス語で、予の馬にはドイツ語で、自分自身にはフランス語で話す」

この歴史から見ても、一つの言葉は決して、あらゆる分野で勝利を収めることはないのかもしれません。

世界の言葉の構造は、おおまかに言って二つの型に分かれます。一つは英語のように主語から動詞へ、それから目的語または補語へと続き、一つは日本語みたいに動詞が最後に来ます。一九世紀の前半にフランツ・ボップは、ヨーロッパの言葉はインドのサンスクリット語と一緒になって、インド・ヨーロッパ語系を作ったようだ、と発表しました。例えば「兄弟」は、英語、ドイツ語、サンスクリット語、フランス語、ラテン語の順に、brother, Bruder, brathar, frère, frater となり、「姉妹」は sister, Schwester, svasar, soeur, soror であり、確かに同じ語源を持つことは明らかと思えます（ジャック・セラール氏）。

日本語は、文の構造も語源も、これらの言語間のような共通点を持っていないようです。日本人は日本語とは別の種類の英語をやる訳で、他人が百メートル競走なのに日本人は百メートル・ハードル競走を強いられているようなもの。先に述べたように、日本が英語力の試験では世界のビリから何番になってしまうのはそのせいなのでしょう。

日本語を理解するには、目で見て読み、書いて覚えることが重要です。漢字という象形文字は、視覚の重要さを教えてくれます。逆に西洋語は、耳で聞いて理解する言葉です。まず会話があり、発音に従ってアルファベットという抽象的な文字で筆記し、具体的な物に代替させます。だから西洋語では、律動感や円滑な流れがあると理解し易い。英語が話されるときは聴覚だけに頼りますが、日本語が話されるときは印刷物がなければ苦労します。史部《ふびとべ》になって、聞く方の耳は疎かになってしまいます。

西洋の言葉、例えば英語は、簡単なアルファベットで書きます。文字には一つの役割しかありません。話した言葉を書き言葉に直す役割です。つまり西洋文化には、話し言葉を図にして考えるような文化がないようです。語部《かたりべ》の文化と言うのかも知れません。

中国語では話し言葉と書き言葉にそのような上下関係はないように思われます。しかし中国語会話には発音の数が多すぎて、中国語をアルファベットに書き直すのにも大変な苦労があるものと思います。専門家達が二五年もかかって、やっと公式版が一九七六年頃に発足したと聞きます。日本人は幸運です。日本語では発音が少ないので、全部ローマ字へ変えることができますが、中国語は発音数が多いので、アルファベットが不足するはずで、その問題を解決するのは難しいことでしょう。

ある考えを表現したいときは、欧州ではそれを表現するために言葉をひねくり回しますが、表現は明瞭でなければならない。つまり、言葉の使い方で概念を作り出します。日本語では例え表現は明瞭でも、それは日本語的な表現でない、と言われることがある。普通なら言葉は明瞭であれば目的を達成しますが、日本語ではその他に、ある型にはまる日本語的な表現が必要なようです。言わば、まずある概念があり、表現をそれに合わせるのです。

この日本語のせいで、日本人は西洋語を学ぶのに苦労するばかりか、日本語を使っての会話力さえ軽視するようです。会話力どころか、日本では沈黙は金なりと言うではありませんか。

英語は便利ではあっても、決して他の言葉より優れた言葉ではありません。ある国が外国語の選択をそのような一カ国語に限ってしまい、そこに国の富みを投資してしまうのは少し心配です。日本の戦前の教育では、いろんな外国語を自由に学ぶことができたと、聞きます。明治維新から日本に多様な才能が生まれたのは、そのせいではないでしょうか。

例えば、ボードレールの『悪の華』は、フランス語から日本語へ訳され、日本語を通じて韓国語へ翻訳された、と聞きました。ジャン・アンリ・ファーブルの『昆虫記』は無政府主義者の大杉栄が翻訳を始め、少し楽天的な無政府主義者の椎名其二が引き継いで翻訳を完結しました。その翻訳は日本語のできる中国人学者が参照するまでになっています。つまり戦前日本の外国語教育の多様性は、他のアジア人に欧州の文化を伝える役さえ果たしたようです。しかも、これらの訳者がフランス語を翻訳するときには、既に存在していた英語翻訳をも参照しています。翻訳する間にある価値は失われるかもしれませんが、別の価値は付加されるのです。[6]

英語を国語とする国の報道界は、読者数や販売数を伸ばすために、英語を話す国のニュースを多くしなければなりません。そうすると同じニュース価値で比較して、英語圏に関するニュースが非英語圏のそれに比べて必然的に多くなります。そればかりか、非英語圏のニュースに関しても、英語圏の読者に受けるような観点からニュースを伝えるのが、販売を上げるために必要になります。かくして、脇から英語をかじる非英語圏の人々は、否応なしに英語圏の意見や偏見を輸入することになります。実際、私は日本に行く度に、日本のヨーロッパ情報が米国人や英国人の観点から語られている傾向を感じるのです。

作家のティム・パークス氏によると、既に世界中の作家が英語への翻訳し易さを考えて小説を書いている傾向がある。日本にもそのような作家がいるとしたら、恐らく世界の流行作家となるでしょう。しかしそれは文学の多様性を犠牲にした商業主義とも言えそうです。

フィヨン仏首相はその点を批判して、二〇一〇年の東京での記者会見で、おおよそ次のように述べました。

「欧州の情報を得るには、英語の報道を読むだけでは片寄っています。欧州の本当の姿を知るにはもっとフランス語やドイツ語の文章を読むべきです」

この言葉が英語一辺倒の今の日本社会に注意を喚起したかどうかは疑問ですが、これはフランスの過去の失策への反省でもあります。フランスのエリートは悪魔的な日本語を学ぶより、日本官庁の発表する外国向けに誂えた英語情報に頼りすぎ、それに不満なときは日本に出掛け、個人的な感触で日本や日本人を理解しようとし、それが日本への歪んだ像を作ってしまったのです。

ヨーロッパの考えをよく理解するには、欧州連合の中心であるドイツとフランスの考えを分析しなければなりません。ちょうど明治時代の先駆者が考えたように、日本人はヨーロッパを理解しようとしたら、英語だけからの知識の吸収を避け、もっと独語や仏語からの情報を吸収するしかないでしょう。英語国の色眼鏡を通した情報を避けるためにも。思い出して下さい。欧州連合はもともと、仏独戦争の再発を予防するために考案されましたが、その後の進展により、チャーチルによる英語国主導の世界構想に対抗する組織ともなりました。今でこそ英国は欧州連合に参加していますが、それは米国が英国に興味を持ち続けるための条件だからでしょう。それやこれやで、欧州連合に関する意見は、英米国と、欧州連合を主導する独仏の間でかなりズレがあるはずです。利害対立の原則によれば、仲の悪い両当事者の一方に他方についての意見を訊くことは避けるべきでしょう。

二カ国語を使う子供の利点と欠点

自由に二カ国語を使う人の有利なことがよく話題になります。双語併用者とでも定義しましょうか。彼は自分の知性の中に、二つの異なる選択を同時に持っているので、両方の内から情況に関係のある方を選び出し、幾つかのことを同時にやる能力に長《た》けるそうです。例えば、子供達に次のような非論理的な文章を示し、文法的に正しいかどうかを尋ねるとします。[7]

「林檎が鼻の上になる」

「そんな馬鹿な」

これが一つの言葉しか話さない子供の返事で、考えはそこで止まってしまいます。二つの言葉を話す子供は、そこで諦めてはしまいません。授業が国語の時間であることを考えて、

「そんな馬鹿な。しかしその文章は文法的には正しい」

と考えます。しかしこのことは、しょっちゅう二つの言葉を使っている子供、例えばカナダのオッタワに住むケベック人のような、完全な双語併用児童にしか言えません。

既に一九五九年、カナダの神経生理学者は言いました。[8]

「子供は揺り籠にいるときからあらゆる音を聞分け、三才から八才の間に、音声を聞分ける最

高の能力を示す」

その後、別の神経生理学者が少し訂正を加えました。[9]

「子供は五才で既に、成人脳の能力の九〇%を形成している。だから、脳形成が言葉の習得に関係があるとしても、それが第二や第三の言葉の習得と関係することはあるまい」

上記の三人の先生ともカナダで活躍した先生です。カナダは英語と仏語が国語なので、双語併用者を研究し易いのです。

仏語と独語の間、及び英語と西語の間で行われた調査を纏めると、次のようになります。生まれてから四歳ぐらいまで二カ国語で育てると、二つの表現法と二つの考えを同化しようと努力するので、他の幼児ほどおしゃべりではない。しかし精神的に柔軟になり、創造性が豊かになる。言葉は耳で話す、と言います。しかも、聞き分ける能力を将来にまで維持できるのかもしれません。生理学的にも、ある発音を繰り返して聞いていると、聴覚用の大脳皮質が大きくなるようです。ただ、二カ国語に流暢な双語併用児童の不利な点は、ずっと後の大学進学前の学業試験では、一カ国語生徒より一般に悪い成績を修めることです。[10]

二〇一二年のカナダでの研究もそれを確認したようです。生まれながらの双語併用児童（例えば英語と仏語）は同時に幾つかの活動をする能力に長ける。しかし両方の言葉で、語彙に穴ができるようになる。それに対して例えば一つの言葉しか話さない子供は、二カ国語併用児童に比べると語彙が豊富、広くなる。

もっとも、皆がみな生まれながらの双語併用者になれる訳ではありません。例えば二歳かそれ以上の年月を韓国語で育った児童が米国に移住し、双語併用者になる場合。その児童の英会話力は米国へ移住した年齢の若さに比例し、韓会話力はそれに逆比例する。困るのは、その児童が大学受験期になると、彼の語学力は二つの言葉の間で競合し、一定量の水源から、英語を汲み出すか韓国語を汲み出すか、の状態に頭打ちにされてしまうことです(11)。

二〇一三年にインドの痴呆症患者のもとで行われた調査によると、二つ目の言葉を話す人はその病気の発生を四、五年遅らせることができます(ニューロロジー誌、二〇一三年一一月)。これは既に報告されていた結果を確認するもの。二つ目の言葉を話すことは、その習得で頭を使い、また、状況によりどちらを選択すべきかで頭を使うのは確かでしょう。しかしそれなら、二つ目の言葉を話す代わりに将棋や囲碁をやってもよいし、電算機のプログラムを学んでも同じことのようにも思えます。

更に同じ調査によると、三つ目の言葉を話すことには、そんな痴呆症遅延効果は見られませんでした。日本人は既に漢字を使い、音読み、訓読みを使い分けることで既に二つ目の言葉を使っているようにも思えます。そうすると三つ目の言葉である英語を学ぶことは特別にそんな遅延効果をもたらさないようにも思えます。

脳生物学者イエド博士によると、人間とサルの違いの一つは胎児の脳の形成速度であり、サルは生まれたばかりで既に大人猿の脳の能力の七五％以上は形成されているが、人の場合は、生まれたばかりの赤子の脳は成人脳の能力の二五％しか形成されていない。つまり人間の子供の脳は、成長する間に多くのことを学べるようにできています。そうかと言っても、上記の研究によると、五才で既に成人脳の能力の九〇％が形成されてしまいます。そして、母国語での音韻や文法の構造が固まるのは五才から六才だそうです。しかも、小さいときから外国語を聞いていると、言葉の処理速度は速くなるが、記憶力を改善することはないそうです。

そうすると、そんな年齢に到る前に英語、日本語とは構造や発音が全く違う英語、を学び始める効用は果たしてあるでしょうか。これは永遠に問われる問題でしょう。

フランスでも中学校時代から第一外国語を教える試みがありました。普通に使われる方法は「視聴覚教室」で繰り返して言葉を詰め込むやり方。これは意欲的な少数の生徒にはよいのですが、他の生徒はすぐに我慢できなくなる。

次に試みられたのは「自然の会話の教室」です。この方法では、できる生徒と先生との会話だけが残り、できない生徒や内気な生徒は会話さえしなくなる。

かくして、これらの教育の成果は既に高校卒業時になくなってしまう。従ってこれまでのように、暗記や書くことや翻訳を主体とした教育も必要に思えます。ところが暗記した記憶は、使う機会がないと腐ってしまいます。これが、太平洋と日本海の間に孤立する日本の一番の問題ではないか、と思われます。

最近、仏児童に小学生のときから英語を教える試みがなされました。分析の結果、効果があった場合と、どうにか効果があった場合と、かえってよくなかった場合が三分の一ずつに分かれました。ただ、そのような早期に英語を教育しても、中学校での語学成績は改善されませんでした。しかも苦労した生徒は、全ての外国語を嫌うようになり、将来に外国語を学ぼうとしません。その調査に携わった先生によると、「言葉を学ぶことには文化を学ぶという別の目的があり、書くという訓練も必要なのです。特に視聴覚教育では、昔のように子供の記憶の中に言葉の構造を覚え込ませるという作業が忘れられています」

それでも現在のヨーロッパでは、八才から一〇才の間に欧州の他の言葉を習い始めるのが一般的。しかし小学生には外国語を聞く力のある子とない子がおり、彼等の将来を無駄にしないために、全児童をあげて語学教育へ突っ走る前に、彼等の語学適性を検査すべきだ、と提言されています。

ここに、第二の言葉の語彙を学ぶのに生理的に重要な臨界年齢というものはない、という説があります。[12] 勿論、幼児は適宜な年齢では幾つかの言葉を容易に吸収しますが、その能力は年齢と共に減って行く。しかしそれは、他の視覚や聴覚や嗅覚などと同じことです。

ここで朗報は、人間生来の言葉会得の機構が活性である間は、第一の言葉を会得するために発展させた原則は、第二の言葉を会得するためにも利用できるらしい。[13]

それに、第二の言葉に上手くなるには、年齢以外の因子、例えばやる気や、憧れや、個人の性向や、環境や、費やす時間の方が重要です。[14] 確かに外国語の会話力という代物は、その国の雰囲気に自然に浸透していないと、なかなか維持できないように思えます。

これらを総合すると、幼年時代からなまじっか英語に時間を費やすより、まず日本語をちゃんと会得する方が得で、そのようにして培った日本語の力は英語を習得するためにも使えるようです。

日本語と英語が競合するとき

ただ、多くの結果は語源の近い西洋系の二つの言葉についてなされた調査です。東洋人は西洋患者用に計算された量のアスピリンを飲むと量が多すぎ、返って血を吸い取られるような奇妙な気分に陥る。それと同じで、構造の異なる東洋語と西洋語の間では、また別の基準があるように思います。

この点に関しては、韓国語と英語の双語併用者についての調査が多い。それは、小児のときにアメリカ大陸へ移民した韓国人が多いせいです。

先に述べたことを思い出して下さい。韓国で生まれた子が二年以上経って両親と共にアメリカへ移住する場合、英語の会話力はアメリカへ移住した年齢が若いほどよいのですが、韓国語の会話力はその分だけ低くなる。このような双語併用者の弱みは別の方法で証明されました。耳の聞こえない子供が同じく耳の聞こえない両親を持つときは、その子供は手話を、普通児の会話力と同じ水準にまで発展させることができる。しかしそのような子供が耳の聞こえる両親を持つ場合は、一定の年齢まで手話を始めないのが普通です。そのせいで、その子は手話にそれほどうまくはなれません。[15]

言葉の能力には、勉学中の読解力に必要な「考える言葉」と、会話力としての「伝える言葉」があります。英語を使って学力をつけるだけの力がない日本人は、逆に日本語の勉強に精を出す方が得です。そうすることにより、間接的に「考える言葉」としての英語の発達を助けることができる。帰国子女が外地で学んだ英語力を、日本に帰ってからも持続できるかどうか。それはその子女が海外にいる間に、英語を「考える言葉」として使うことができたかどうか、によります。英語を「伝える言葉」としてのみ使っていた子女は、英語が良くできる日本人にはなれません。[16]

しかも通念に反し、一定期間に習得する英語力は、「考える言葉」としてなら高学年になったときの方が圧倒的に優れ、「伝える言葉」としてなら年齢による差はほとんどありません。日本語の読解力が高い子女ほど英語の読解力の伸びも速くなり、その相関関係は年齢と読解力発達の関係より高いそうです。二つの言葉のできる子供には言葉ごとに別々の思考の泉がある訳ではなく、共有の泉が一つあるだけで、そこに二本の管が付いている。日本語の管から泉を一杯にしておくと、英語の管を開いたときは、日本語として蓄積されていた学力を英語のためにも活用できます。その泉が日本語で満たされていない内に英語を始めると、子供はまず英語の管を開くのに苦労し、同時に不得手な英語を使って思考の泉を満たす努力をせねばなりません。その結果、英語での会話力は増しても、読解力は伸びないという状態に陥る危険が大きい。

このことは、先述の二つの観察が日本語へも適用できることを示しています。つまり、英語と韓国語の双語併用児童の現象で、彼の語学力は大学受験期になると二つの言葉の間で競合し、一定量の水源から英語を汲み出すか韓国語を汲み出すか、の状態に頭打ちにされてしまうという観察と、人間生来の言葉会得の機構が活性である間は、第一の言葉を会得するために発展させた原則は第二の言葉を会得するためにも利用できるという観察です。

英語の特徴　2

日本語は漢字とカタカナでどの外来語も簡単に導入してしまう柔軟性を持っています。フランスのルノー・ド・マリクール教授は、日本人学生には日本語で、米国人学生には英語で、同じ内容の文を読ませて比較しました。読み取りに関しては日本語の方が二五％近く早く、内容把握の正確さに関しては英語の方が高かったそうです。実際同じことを述べるのに日本語では一頁のものはヨーロッパ語に直すと一ページ半ぐらいには長くなります。理解するときは表象文字を使う日本語の方が早い訳です。ここでも日本語とアルファベットを用いる言葉との違いが判ります。

欧州連合の機関では、しばしば英語と独語と仏語が手続き語として使われます。同じことを言うのに一番簡潔で短いのは英語で、便利なのはいいのですが、法文の解釈に疑義が起こることが多いのも英語です。その場合は別の公用語であるドイツ語とフランス語では何を意味するかが参照され、最も正確な法文が採用されます。文章が長くなる順序は英語、独語、仏語の順ですが、正確度もこの順に増して行くようです。

例えば、日本語で「裁判所は、この・規則・から、それは・完全に・明瞭で・あると・信じる」と言うのに、英語では冠詞も入れて一〇語ですみますが、独語では一四語、仏語では一九語が必要となります。しかも各単語の長さでは英語はフランス語とドイツ語に比べて短い傾向がある。上の例では日本語は英語と同じくらいに簡潔になれます。

エコノミスト誌の調査で、英語の文章をフランス語やドイツ語に翻訳すると単語数として二五％から三〇％は増えます。しかしそんな特徴も漢字の文化に比べると、あらゆる利点を失います。

英語は中国語へ翻訳すると七〇％の分だけ短くなる。日本語も簡潔さで知られ、中国語とあまり変わらないぐらいに簡潔になるはず。しかし一般に、「ロマンス」を語る言葉ほど冗長になるようですから、どちらがよいかは別の問題です。スペイン語やフランス語はそのよい例となります。

英語の特徴は、その簡潔さの他に、ほとんどあらゆる状況に関して、誂えた服みたいに、予め準備された表現を持っていることでしょう。そのことは便利ではありますが、容易でやっつけ仕事になり、深さがないという欠点にもなります。

しかも英語は他の欧州語に比べると、物凄く生活力のある言葉。フランス語なら新しい言葉を作るときはギリシャ語やラテン語やゲルマン語の辞書を使って語源を探します。英語は簡単な単語、それもしばしば単一の音節しかありません。日本語でいう擬声語に近いものです。

日本語は擬声語を副詞として使い、よく言えば自然主義的、悪く言えば幼稚な表現を用いますが、英語ではこれら擬声語を動詞の中に取り込んでいるようです。時計がチクタクと音を出すのをティック（Tick）、チリンチリンと音を出すのをティンクル（Tinkle）、星がキラキラ光るのをツィンクル（Twinkle）、ポンと音をたてるのをポップ（Pop）、犬がグルグル言うのをグロウル（Growl）、蜂がブンブンと騒ぐのをバズ（Buzz）というように、擬声音を動詞にして表現します。

ドロップ（Drop）、ドリップ（Drip）、ドループ（Droop）、ドリップ（Drib）、ドリブル（Dribble）などの一連の動詞にしろ、これらはみな垂れ下がるか落ちる印象を与え、日本語のポトリ、ポトリとか、ポタリ、ポタリとかポツン、ポツンという擬声語に似ていませんか。何れにしろ、日本の猫はニャー、ニャーと泣くのに、英語ではミューと泣くのとそれほど違いありません。一方で、蛇の音がススという音を含まないのは日本語だけ。日本語ではニョロ、ニョロという表現が普通らしいですね。西洋やアラブのアヒルはクァックと鳴きますが、日本ではグワ・グワと鳴きます。

これらの擬声語をもっと発展させれば、漫画での「ヤーッ」「バサッ」「ドドーッ」「ヒョロリ」「シトシト」などと同じく、世界で大成功を収めるに違いありません。

正確な日本語が欲しい

ユダヤ人は、イスラエルを建国する前の十九世紀末から、ヘブライ語を復活させる努力をしました。新しいヘブライ語に必要な語彙は聖書の言葉から選び出しました。技術の進歩に伴う新しい言葉でも、単に発音を真似るのではなく、なるべく聖書に源を求めた。例えばコンピューターであれば、聖書の中の「考える」という単語から作り出しました（ネイル・ジャコブ氏）。フランスも、コンピューターという言葉はフランス語が起源なのに拘らず、現実を表さないというので、オルディナタール（整頓する装置）という新しい言葉を作り出しました。

ジョージ・オーウエルが、英語を改善するために立てた原則によると――

印刷物でよく見る、隠喩や直喩やその他の話法型を用いるな。

短い言葉ですむときには長い言葉を使うな。

言葉を短くできるときには、常に短くせよ。

能動態を使えるときには、受動態を使うな。

同等の日常英語があるときは、外国成句や科学語や特殊語を使うな。

明らかに粗野なことを言うよりは寧ろ、これらの規則を破れ。

日本語も、更に簡潔に、分かり易く書くように努力すれば、内容把握の正確さが増し、英語に比較して劣るところはなくなるはずです。


これはジョージ・オーウエルの原則に反しますが、日本人は外国語をカタカナにして簡単に吸収するばかりか、それに新しい意味を与えるという意地悪さをもっています。アベック、メリケン粉、ハイカラ、ランデブー、アルバイト、マダム・キラー、ペーパー・ドライバー、アニメ。古くは「ビズネス・ガール」の例もありました。最近は一九九〇年にバブルがはじける前に、激しい建築ブームがあり、それを測るために、建設中の最も大きな建物の高さの指標を示す「エレークション・インデックス」というものが定義されました。しかし英語国民には「エレークション」という言葉が想像させるのはまずは男性の勃起であり、彼等はそのような言葉を使うのを躊躇するでしょう。日本人は無意識の内に、英語国民の想像できない英語を、新しい日本語へ転換したと言えるでしょう。

フランス語はその九〇％がラテン語に基づいています。英語はそんな仏語を大量に輸入し、その内のかなりをもとのフランス語と少し意味の違う「偽の友」としてしまいました。このようにして英語の語彙は大いに増え、言葉が豊かになって行ったのです。これは日本語の将来への道を暗示します。

これからの日本に望ましいのは、先達がやったように、これらの新しいカタカナ語彙を漢字で現す努力をすることでしょう。誰でも思うでしょう。「テレフォーン」が「電話」と漢字化したのに、なぜ「テレヴィ」が漢字で書けないのか。確かに「電視」という言葉が使えるが、これでは発音が「電子」と混同してうまくない。誰もが、ある日、誰かが「テレヴィ」のための素晴らしい漢字を見出すのを待っています。日本人がこれらカタカナから印象的な漢字を考え出すと、これらの漢字は恐らくそのまま中国語へ入り込むでしょう。百貨店、和風、国際、哲学。これらは日本語が中国語へ入った例だそうです。考えても愉快ではありませんか。

言語学者クロード・アジェージュ氏の計算では、外来語が七から一〇％以下なら言葉を活性化して豊かにすると言えるが、一〇から一五％なら消化不良になり、二五％以上では脅威となり、七〇％からは言葉の置き換えとなる、とのこと。

アメリカ人のH・L・メンケン氏は言いました。

「生きている言葉は絶えず小さな出血で苦しむ人間みたいなものであり、それが何よりも必要とすることは、他の言葉から新しい血を絶えず取り込むことである」

一方で、アルファベットをカタカナに直した後、カタカナから疑義なく元のアルファベットへ戻すことができれば、日本語の有用性はずっと上がるでしょう。

問題は日本語のカタカナ表現が非常に限られてしまったことです。昔あったヴィ（VI）とビ（BI）、イ（I）とヰ（WI）、エ（E）とヱ（YE）などの区別を復活させ、ラー（RA）とラ（LA）のような区別を導入したら、カタカナとアルファベットを互換させる作業は随分と楽になるでしょう。別に、シ（SHI）とスイ（SI）、ジ（JI）とヅイ（ZI）などは、注意すれば既に区別できます。「BAT」のAと「BUT」のUをどう区別できるかはこれからの問題ですが。

化学の分野では「ARENE」のRと「ALLENE」のLLをカタカナで区別する必要があり、どう書くかが大きな問題でした。今では前者は「アレーン」、後者は「アレン」と書かれるようになりました。科学者は、文学者よりずっと実質的ですね。

言葉は人の感性や理性を作る

一般に人間の脳は、音楽は左脳が、言語の学習は右脳が分担すると言われています。しかしアジア人には左脳と右脳の機能分担は西洋人ほどはっきりしていないそうです。難読症に関しても、漢字を読む東洋人とアルファベットの西洋人では脳の働く箇所が違います。学習に関しては、母国語と外国語を学ぶときで、用いる脳の部分が違う。既に一九七八年に、東大神経科の角田博士が、日本人の脳の左右の分担が西洋人のそれと異なる、と発表しました。日本人の脳では、外国語の学習は左脳でなされているそうです。その後、カナと漢字という二つの言語体系を用いる日本人は、言語用に一つではなく、二つの言語領域を持っていることが分かりました。ルモンド紙のフォットリノ氏によると、日本人では、カナを使うときも漢字を使うときも、左脳の働きが主体になりますが、漢字を読むときには視覚を増すために右脳の助けが必要になります。日本人は二つの脳を持っている訳ではなく、同時に二つの言語体系を調節しなければならないのです。その違いは、母国語を使うときと外国語を習うときに使う脳の部分が違うという事実を思い出させます。そのような事実は脳を磁気共鳴反応により活性化したときの、活性化された血流の域を画像化することで分かります。言葉を学ぶ機能は生まれながらにある訳ではないので、教育の間に形成されます。

更に、イスラエルのショハム教授らの研究によると、ある母音が発音されると、特定の脳細胞だけが活性化され、他の母音が発音される場合はその脳細胞は不活性のままに残るそうです。日本語では音節ごとに母音があるので、日本人の脳は一音節ごとに異なる脳細胞が刺激され、早く疲れるのではないか、と心配されます。

その他に、外国語を学ぶ、ということ自体にも問題があるそうです。日本人が知識を増やすために過度に外国語を使うと、自分の脳を創造に向かない方向へ使ってしまう、という恐れ。子供は社会や家族の雰囲気に馴染むだけで、親の言葉を自然に学びます。その後に読み書きを学びますが、そのためには努力が必要となる。シャンジュー教授によると、人間の脳の発展期間は動物のそれに比べて比較的に長く、作られつつある脳の記憶網の中に、母国語から切り離せない痕跡が残されます。同時に、個人的な習慣や社会慣習や道徳観もそこに残され、それらが人間の個性や特徴の形成に貢献します。そうすると、どの時期に英語を習い出すかは、非常に重要な問題に思え、少なくとも個人の創造性のためには、この形成期より後の方がよいように思えます。

「創造性」の研究者達によると、日本人の創造力は、明治維新いらい衰えて来たそうです。それは日本人が外国からの知識を得るために外国語を過度に使用し、創造性に向かないことに脳を使いすぎているせいだ、とも考えられる、と角田博士は警告しています。

つまり我々の脳は文化を反映するわけです。言葉ばかりか、我々の価値観によっても脳は影響されます。心理学者アムバデイ女史によると、日本人は服従的な構図の人の図を見ると脳の関連部分が活性化され、アメリカ人は支配的な構図の人の図を見たときにそうなる。

言葉は所属感からも切り離せません。貴方と同じ言葉を話す人達は、貴方を自分等と同類項なのだ、と推定するでしょう。言葉が難しく、少数派であればあるほど、その気持は強いと思います。しかも、言葉はそれを話す人の生き方や考え方を作ります。その言葉が疎かになれば、世界を理解する一つの体系が消えることにもなりかねません。

ここで、言葉が人の考え方を形づくる例を探してみました。最近の研究によると、ある物に名前を与えることは、それを知的に分類することを助ける。白人と黒人と言う言葉を作ったお蔭で、人類を白人と黒人に分け、どちらにも入らない人を黄色人と呼ぶようになりました。しかし白人の中に、本当に色の白い人は何人いるでしょうか。アジア人を黄色人種と呼ぶのもおかしい。実際、十六世紀に日本に来たポルトガルのフロイス神父は日本人を白人とみなしていました。[17] 確かに日本の女性は、陽に焼けたポルトガル人よりよっぽど色が白い。つまり、白人という先入主を含む言葉が、事実から逸れる我々の考え方を作ってしまったのです。

また、言葉は色の識別を助けます。日本の交通信号は赤、黄、青と分類されていますが、この黄と青は実は「オレンジ色」と「緑」に当たると思います。ヨーロッパの信号では実際に「赤」

「オレンジ色」「緑」と指定します。更に、ある物が空間の中心にあるか端部にあるかという空間的な位置の認識に関しても、言葉を使って定義することが無意識の内に認識を容易にするそうです。

更に、日本語で言う黒マグロは、フランス語では赤マグロ、英語では青ひれマグロと呼ばれます。黒マグロに慣れている日本人には、赤マグロや青マグロと呼ばれれば、せっかくの刺身も美味しさが減ってしまうでしょう。

一つの同じ言葉（例えば日本語）での定義がそれほど人間の感覚に影響するのなら、言葉の違う日本語で考えるか、英語で考えるかの差は、もっと大きく人間の感覚や感性に影響することでしょう。

例えば日本語で「シャンゼリゼを下って行って左側の家です」というとき、仏語では「左側の家です、シャンゼリゼを下って行って」の語順で言うのが普通でしょう。英語なら、仏風の言い方が普通かもしれませんが、日本風の言い方をしても奇異には感じないでしょう。

これらの言葉の構造の違いは、人間の性格に本質的な違いを創りだすような気がしてなりません。人間の考え方、観察の仕方、反応の仕方、理性の働き方、などを決定的に変えてしまうような違いです。

ベルグソンが述べたように、観光客はノートルダム寺院に入ると、そこで見るべき物の説明本を開きます。しかし本を読むのに気をとられて、自分がわざわざ見に来た美しい物を忘れてしまう。我々も同じで、読むという形式を追う余り、心の導きに従って実存する物に触れるという経験もせず、旅行を続けるのです。つまり、言われることや書かれていることに心を集中し、本質をないがしろにする。我々の感覚は、既製の考えを受け入れ、ある指導の下に生きることから始まるようです。ベルグソンの言いたいのは、重要なのはそうでなく、自分の考えで、生きているものを見ることです。

外国語を学ぶことには、本質的に同じ様な問題が生じるように思います。母国語が日本語で、英語を学んだ人がいるとします。その人が英語を読んだり聞いたりしますと、案内書を読みながら芸術品を理解しようとする人と同じ心情となり、読むのと理解するのに一心となり、肝心の英文の著者の心への理解は疎かになります。そんな情況を避けるには、日本語か英語のどちらかを、日本人なら容易な方の日本語を、それを完璧に習得し、英語の方は心の趣に従い、趣味として鑑賞する位の気持の方がよいのではないか、と思います。

自分の生まれながらの言葉で表現するときは、言葉を考えに合わせますが、外国語で表現するときは考えを言葉に合わせる、と言えるかもしれません。

最後の砦、日本語

ある英国誌は、ケネディ大統領がド・ゴールと直接に会話しようと思い、暗殺されるときまでフランス語を習っていた、という逸話を挙げ、それは判断の誤りだと断定しています。「貴方がある言葉を学ばなければならないときは、貴方の無視していた自分の言葉を選びなさい、そして貴方の表現の明瞭さで相手の落着きを乱しなさい」

確かに表現が明瞭であれば、通訳は間違いなく貴方の考えを相手へ伝えてくれるはずです。英語や外国語を使うときは、どうしてもその国の人には勝てません。例えば現在フランスでは将来の中国の発展を見越して中国語を学ぶのが流行り、場合によっては小学生や中学生のときから中国語を学ばせます。しかし考えてもご覧なさい。フランスには百万人に近い中国系のアジア人がいます。フランス語を母国語とするフランス人が小学校から中国語を学んだとしても、生まれながらに中国語を話している彼等に敵うわけはありません。

神様は、人類が一つだけの言葉を話していると、天に届く塔を造ろうとするから、そんな思い上がりを罰するために人類の言葉を幾つにも分散させました（聖書の創世記の十一章）。つまり神様は既に、人類が地上に存在し始めた六万年前に、言葉の違いで人間を苦労させることを考えたのでした。言葉による全体主義への陥落を諌めたものとも言えます。

日本人は日本語を軽視するより、外国人が日本語に興味を持つように仕向けてみませんか。そのためには日本語に魅力を感じさせねばなりません。それは夢物語でしょうか？　しかしパリでは、既にそんな現象が起こっています。オペラ座近くの日本書店では一階は日本の普通の書店と変りありませんが、地下へ降りて行くと驚き。そこには漫画が揃えてあり、何人ものフランスの若者が通路に座り込んで漫画を読んでいます。彼等は漫画の「?」や「!」の付いた短い日本語を覚えるのに一生懸命なのです。

また、カンボジア系フランス人が、パリのオペラ座近くでカラオケ・バーを経営しています。夕方の七時、若いフランス人達が建物の入口で列をなしているので、ピュスも友人と一緒に若者の列に入ってみました。地下に下りると幾つもの個室があり、フランスの若者達が日本製ヴィデオを前にウォーとかヤーと声を上げて歌っています。フランス人の性格か、どの部屋も戸を開けたままで反響は凄いもの。通りがかりの部屋の中から若者に誘い込まれ、中に入ると二十人くらいの若者達が日本語字幕のついたカラオケ画面を眺めながら大声で歌っています。

「日本語を読めるとは素晴らしいですね」と訊きますと、一人が答えました。

「いや、全然読めない。でも恥かしくない。ぜんぶ暗記しているから」

食事に関しても今では、若者達は日本の料理の名前を日本語で知っています。英語へ訳すと分かり難くなるだけですからね。考えてみると、柔道や空手の技も全て日本語で表現されます。文化の力が言葉を運ぶ訳です。

しかも最近、パリ大学の国立東洋言語文化院で、日本語科の生徒数が再び中国語科のそれを追い越したそうです。中国の経済力が伸びるに連れて、数年前から中国語科の生徒数が日本語科のそれを追い越していたのですが、結局は日本の文化、映画や文学や漫画やアニメが中国の経済を押さえたのです。

これらは日本語が素朴な「伝達の言葉」として使われている例で、真面目な交流ができるような日本語の水準ではありません。でも、平均的な日本人が十年近く英語を学んだ後、偶々東京の路上で外国人に話し掛けられて交わす英語と本質的には違わないようにも思います。何れの場合も、言葉は先述の「学力の言葉」としてではなく、単なる「伝達の手段」として使われているからです。

式部よ眼を覚ませ、皆の気が狂ってしまった

日本人は外国人特に西欧人の顔を見ると、本能的に、英語で話さねばならないような義務を感じるようです。今までの英語への莫大な投資の成果を試したいせいかもしれません。残念ながら、

このような稀な機会に試せるのは「考える言葉」としての英語ではなく、「伝える言葉」としての英語に過ぎません。

英語を「伝達の手段」として学ぶ別の利点があるとすれば、今までになかった国境のない世界へ、フェース・ブックや諸々の社会網《ソーシャル・ネットワーク》を用いてインターネットの世界へ入れることです。でも、そのための英語の水準はご存知でしょう。小学校のときから腰を据えて学ぶ水準の英語ではない。そんな英語を習得するために、日本が小学校の幼年時から無数の時間を費やすのは、むしろ愚かに思えます。日本中の若い頭脳を消費して学ぶのが「伝達の手段」としての英語に過ぎないとしたら、その効率の悪さは、旧ソヴィエト連邦が昔の制度を使って現在の経済を振興させようとするのに匹敵するでしょう。日本人が「伝える英語」に過ぎない英語への幻想を棄て、そのために払う努力を、もっと得意な分野、例えば数学や国語や漢文や図画や音楽や詩作に費やしたら、それは誰にも朗報となります。

日本ではいま、小学校三年生からローマ字を学び、五年と六年には英語を週に一時間、中学校からの六年間は毎週三から五時間は英語を学ぶとのことです。別の統計によると、中学校を終わるまでに平均して八年の英語の学習をし、総計では千時間以上となるそうです。その他に補習校での英語の勉強があり、東京には既に一九九〇年に七〇〇以上の英語学校があったそうで、これはイングランド全体にある英語の学校と同じ数だったそうです。

一つ考え方を変えてみませんか。幼い子供達を、誰も彼も英語に向く性格にしようとするのがよいことか。外国語に関しては、基礎教育を与えた後は、続けたい生徒にだけ習わせる。そのためには生徒の将来をもっぱら英語力の試験で篩い分けるという単一的な考えを棄てる。欧州では言葉を話すだけでは仕事を見つけるのも覚束ません。従って、例えばフランス語をやるにしても、フランス語とフランスの経済市場というように、組み合わせ専攻をする学生が増えました。

さて、上記のように絶え間なく変態を続ける英語に、日本の子供達が柔らかく感性の鋭い頭を投資するというのは由々しき問題。平均的な日本人にとって英語は、時々巡り合う外国人と会話を交わせるための贅沢品に過ぎません。しかもそのような巡り合わせは年に何回あるでしょうか。英語で物を考え、論陣を張る機会は果たしてあるのか。英語力は使う機会が少ないと、時と共に、年齢と共に退化して行きますから、幼い頃のあらゆる努力が水の泡となってしまう。日本人が概して不向きな英語に総人口を上げて膨大な時間を費やし、そのために「考える言葉」である日本語をないがしろにするのは、耐えられない間違いに思えます。最近は外国へ出たがる学生や社会人が減っているそうです。これは向いてもいない英語を、若い頃から否応なしにやらされたことへの復讐だと思います。過分な努力の後に、日本の田舎に住んで英語を一言も使う機会がなかったら、誰でも潜在的な外国敬遠党になると思います。

言葉の役割で最も高貴なのは哲学を表現することだ、と信じています。哲学は世界の将来を予想し、別の道を教えてくれるからです。それを表現するには自分の言葉を持っていることが絶対に必要でしょう。哲学は自分の言葉でしかできない。言葉は文化、日本語は心。英語は平均的な日本人にとっては、永遠に単純な交流の手段でしかありません。

下村寅太郎氏によると、フランス哲学は科学と相互関係にあり、常に明確さを探求しますが、イギリス哲学は政治経済と関係し、実践的な知性で実利性を求め、ドイツ哲学は神秘的で、高さと深さを求めています。ダリシエ氏ら(18)によると、日本哲学は「無」、無と言っても何も考えないのではなく、無を考え、その意味の豊かさを考える。または、心の深さを儚さの感情の中で表現する。例え非理性的だとしても。これらは仏語、英語、独語、日本語から来る特徴でもあるようです。何と言葉が重要なことか。

物理学者は哲学者になってもよかったような人が多いのですが、マルコ・ジト博士もそんな一人です。彼によると、「ヘーゲルやハイデッガーの概念は翻訳が難しい。つまり人は、フランス語を使うか日本語を使うかによって世界を同じようには考えない。言葉のお蔭で、厚さと歴史を持つ概念を通して、真実さを摑むことができる。研究（正統的な科学も含めて）にとっても言葉は弱みどころか、豊かさとなります。研究をグロービッシュに任せることは研究を貧しくすることに当たります」

フランスは人口六千万の小さな国です。それなのにフランスは数学分野でのフィールズ賞（数学界でのノーベル賞）受賞者の人口当たりの数ではアメリカと並んで世界一の国です。アメリカの幾つかの大学では数学科の学生はフランス語を学ばされたそうです。それは二十世紀末の話で、二十一世紀になった今でもそうなのかどうかは知りませんが。

ジタ博士によると、昔のヨーロッパではラテン語を使っていましたが、既に述べたように、十六世紀、またはルネッサンス頃からは知識人は民衆の言葉を使って新しい社会層に訴え始めました。これは文化や科学を庶民に近づけ、思想を伝播して広げ、それらを豊穣にしました。それ以来、科学は多文化や多言語を土台にした交流のお蔭で進歩しました。

そうです。それがラテン語の方言であるイタリア語やフランス語やスペイン語の始まりです。それは文学ばかりか科学でも同じで、ガリレイはイタリア語で書き始めました。ただニュートンはまだラテン語で書いていましたので、デュ・シャトレー女史がそれをフランス語に訳したことを思い出します。

グロービッシュを使うことは知識と大多数の民衆との間に新しい裂け目を作ることになり、数世紀前の過去に戻ることになります。そうすれば、科学と社会は失うものしかありません。

それなのに日本の教育界は日本語の水準を維持することより、英語を学び始める年齢を下げて英語力を上げることに一生懸命なようです。ただ、今までお話したように、日本人が幾ら一生懸命に英語を勉強しても、英語で生まれたアメリカ人には敵いません。日本の大学で英語を専攻してアメリカに上陸する人の悲哀を考えてみて下さい。米国では英語は誰もが使う手段にすぎないので、その上陸者には特別の専門がないことになってしまい、しかも肝心の英語は幾ら努力してもアメリカ人には敵わない。残される道はアメリカの大学で日本専門の研究者になるか、日本に戻って英語の先生になるかしかありません。

私は英語を学ぶのを止めようと言いたい訳ではありません。将来の科学者や経済人には英語の書類を理解できる土台の学力はあった方が便利でしょう。そのためには、そんな必要性が生じたときに基になるくらいの基本知識を与えれば十分。誰でも必要が生ずれば、自分に合う英語を努力して会得するはずです。それ以上の教育は英語が好きで才能のある少数に任せましょう。

英語に合わない人は、別の学問、例えば日本語や数学に投資し、進学試験では英語に匹敵するボーナス配点を貰えるようにします。それが日本政府の目指す才能を伸ばす教育だと思います。

逆に、英語圏の人々と英語で対等にやり合うために、日本人を生まれたときから英語で教育することも考えられます。地球化に合わせて日本語を放棄する訳です。既に明治維新の時に、文部大臣の森有礼が日本語を放棄して英語へ変えるという提案をしたことを思い出します。更にヤマイ教授によると、志賀直哉は太平洋戦争の後の混乱期に、フランス語を国語とするという考えを発表したということです。その心は、日本が戦争に引き込まれたのは日本語が不完全で誤解を生んだからであり、今後はフランスみたいな文化国家になりたいという願望が籠っていたそうです。

そして二〇〇〇年、日本が失われた十年の感覚から抜け出せないでいる頃、時の政府は、二十一世紀の日本の大目標として、英語を小学校から教え、英語を第二の国語にするという計画を立てていました。第二の国語とは何を意味するのかはともかく、今までに英語を国語として採用しようとして成功した国はありません。どこも失敗しました。

オランダはドイツと英国の間に位し、英語に最も近い、エルベ河口周辺ドイツ語の、方言みたいな言葉を話します。そのせいか、オランダ人はバーテンダーでもバスの運転手でも、英語はペラペラ。そのオランダで一九九〇年、英語を大学教育での公用語にする法案が出されました。しかしそんなオランダでさえ、法案は愛国者達の反対で流れてしまいました。オランダの隣国のベルギーは、フランス語圏とオランダ語圏で争いが絶えず、しばしば中立の英語が使われます。しかしどちらの語圏も、英語を国語にしようとは夢にも思っていません。

英国の旧植民地のスリランカやタンザニアは英語を棄てて、自国の伝統的な言葉を国語として採用しました。幾つかのイギリス旧植民地では、英語を副国語として使っています。インドやナイジェリアやシンガポールには幾つもの言葉や方言があり、国をまとめるために英語を使うのが便利だから。ところが、英語に達者な人のみがエリートになり、一般民衆から遊離してしまうという弊害が生じます。他の民衆は他の才能があっても、英語が苦手ならエリートになれないわけです。日本にはそうなって欲しくない。ただ日本には、英語の能力だけで管理者に昇進させる企業があると聞きました。心配なことです。

世界では、英語を外国語として話す人の人口は増えていますが、英語を自国語とする人口はあまり増えていません。逆に、アイルランドはいわゆる英語国なのに、最近は昔からのエール語を復活させ、英語と並ぶ国語とし、終にエール語は欧州連合で使う国語の一つとして認められる迄になりました。英国でのウエールズ語の復活を思わせますね。

話す言葉と比較して、国語の綴りを変えたり簡略化しようとすると更に大きな抵抗があります。中国や日本が過去にそれを変えたり、朝鮮が漢字からハングルに変えたりしたのは、世界的には例外的なのでしょう。フランスではごく簡単な改善さえアカデミー・フランセーズが許さず、ドイツでは綴りを簡略化しようとする試みが新聞界から排斥され、ポルトガルのポルトガル語とブラジルのポルトガル語を統一する試みは前者の反対で水に流れたし、実利的なオランダでさえ、書き方を変更する試みは反対されてオジャンになりました。単なる発音と違って、それぞれの単語は語源を示し、最初の正しい意味を秘めていますので、それを変えるには抵抗が強いのでしょう。

それに比べて、「伝達の言葉」に過ぎない英語は絶え間なく変化します。既に世界では、新しい英語を作る運動が始まっています。日本人が現在の米国英語に熟練する時代には、それは既に骨董品になっているでしょう。そうすると、日本はまた新たな問題を抱えることになる。そのような状態を避けるには、自分の最も得意な言葉を中心に、自分を確立するしかありません。

少数の語学向き人間を除き、平均的な大多数は、紫式部がひらがなを発明したときの精神に戻り、使い慣れた「学力のための日本語」を使って自分の得意な分野で自由な気持で才能を発揮することが一番です。その目的では、日本人は小学校の終わりにローマ字を学び、中学校か高校で英語か別の外国語を学び、将来の専門に適応できる程度の横文字の知識を得ておけば十分だとは思いませんか。

ただ、今の日本の生誕率では、西暦三五〇〇年に達する前に、最後の日本人が地上から消えてなくなる計算となるそうです。日本語も静かに密やかに、満州語と同じ運命を辿っているのかもしれません。

参照

（1） G. Van. GRASDORFF, *A la Decouverte de L'Asie*, Ed. Omnibus, 2008.
（2） S. PINKER, Words and Rules, *Weidenfeld & Nicolson / Perseus*, 1999.
（3） W. J. SUTHERLAND, Nature, 423, 276-279, 15 May, 2003.
（4） W. ENARD et al, Nature, 14 August, 2002.
（5） Q. ATKINSON, Science, 14 April, 2011.
（6） H. PENG, NTU Studies in Language and Literature, No.17, 1-42, 2007.
（7） E. BIALYSTOK, NY Times,　２０１１年5月30日。

(8) W. PENFIELD & L. ROBERTS, *Speech and Brain Mechanisms,* Princeton University Press, 1959.

(9) H. WHITAKER et al, Ann. New York Acad. Sci., 379, 59-74, 1981.

(10) D. K. OLLER, Proc. 4th Intl. Symp. On Biling., 1744-49, Somerville, MA : Cascadilla Press, 2005.

(11) G. H. YENI-KOMSHIAN et al, Bilingualism : *Language and Cognition,* 3 (2), 131-149, 2000, Cambridge University Press.

(12) D. SINGLETON and Z. LENGYEL, The *Age Factor in Second Language Acquisition, Clevedon Multilingual Matters,* 1995.

(13) N. CHOMSKY, *Aspects of the Theory of Synthax,* Cambridge, M.I.T., 1965.

(14) P. ROBERTSON, *The Critical Age Hypothesis, Asian* EFL Journal, 2002.

(15) R.I. MAYBERRY, Handbook of Neuropsychology, 2nd Edition, 8, Part II, 2002.

(16) K. NAKASHIMA, NIKKEI, 2 December, 1981.

(17) R.P. Luis Frois, *Europeens & Japonais,* 2009, Edition Chandeigne.

(18) M. DALISSIER, S. NAGAI et Y. SUGIMURA, *Philosophie japonaise,* Paris, Librairie Philosophique J. VRIN, 2013.

「新人類」への旅

一

私（ピュス）は欧州の人間なのに、昔からヨーロッパに住んでいた、この類《たぐい》の人達をよく知りませんでした。その理由の一つは、彼らは人前ではやたらに素性を明かしたがらないからです。素性を恥に思っている訳ではないのですが、それを言うと相手が逆に気を遣い出すので、そんな情況になるのを避けたい、とでも思っているかのようです。私は彼等の存在を本や噂から知っていたのですが、顔を見ても必ずしもそれとは判らない。ただ煽情的な雑誌によると、彼らは世界の政治的、文化的、社会的な革命の影で、爪を操るように糸を引いている。私は彼等と出会い、彼等の歴史と人情と進取の気質を知って、そんな雑誌の目的とは逆に、すっかり彼等のファンになってしまいました。

そこで私は彼等を、今の流行の言葉で「新人類」と呼ぶことにしました。彼等は新しい人種ではないばかりか、特定の人種でさえありません。インドネシアでは外界と全く交流のなかった新人種が発見されたばかりだし、将来にもインドネシアの孤島やアマゾンの奥地から、無垢の新人種が発見されるかも知れない。しかし私の言う「新人類」はずっと昔から、既に西暦の六世紀ごろから欧州大陸に住んでいたらしい。私が気付かない内に会ったこともあろうし、あるいは友人達の間に紛れ込んでいるかもしれない。実に彼等は、その現代性や先駆性から言って、「新人類」と呼ばれるに相応しいでしょう。

私はフランス中部、ロワール河に面する中都市トゥールの大学で働いていました。大学には休みが多く、私はよく好きな旅行に出掛け、そんな旅行中に今の夫と知り合いました。問題は、夫はドイツで働いており、しかも外国人で、悪いことにヨーロッパ人でさえない。私達はドイツで結婚したものの、二人ともドイツ語が苦手。しかもあらゆる公式文書はドイツ人にも分かり難いドイツ語で書かれている。そのような不便さから逃れ、生活の質を向上させるには、どちらかの母国語の国で働くしかない、と私達は悟り、夫が犠牲になってドイツを離れ、フランスのトゥール市へ移住して来たのです。

ちょうどその頃に石油危機が世界中を巻き込み、フランスはひとたまりもなく、仏企業は採用を中止し、巷には失業者が溢れ出てしまいました。夫はフランス人の伴侶だという最高の特典から、やっと職業安定所に登録することができました。ただ、そこの担当官の話では、仕事を見つけるには労働許可書が必要で、そのためには仏企業からの仮雇用書を提出せねばならない。そこで大会社ローヌ・プーランクや、名も知らない中小企業に面接に出掛け、とにかく仮雇用書が欲しい、と言って回りました。ところがどの会社も、仮雇用書を発行するには労働許可書が必要だと言う。かくして、鶏が先か卵が先かという、抜け出しようのない官僚主義の罠に嵌められてしまったのです。

私は日本の川越市の教会にいたフランス人神父に、この馬鹿馬鹿しい迷路のことを手紙にしました。

「自分の国が、こんなに酷い官僚主義の国だとは思いませんでした」と。

神父様は飯田橋の日仏学院まで足を運び、フランスの公営企業が日本技術者を探していることを知り、その企業の総裁に手紙を出してくれたようです。

夫はトゥール市の前衛映画館（安い！）の中で、毎日の失業生活を楽しそうに送っていましたが、ある日突然に総裁から手紙を受け取り、パリで総裁と会うことになりました。当時は外国人を採用するには、まずフランス人の間で公募し、三カ月以内にフランス人の適任者が見つからなかった場合にのみ、その外国人を採用してもよい、と言う政府指示があったようです。そんなことは私達は知らないばかりか、職業安定所の相談係も知りませんでした。総裁は政府の事情に通じた天下り総裁だったのです。総裁は次のような公募を出した、と聞きました。

「高水準の日本語を読んで書くことのできる、フランス人の金属専門の技術者を求む」

実は夫は微生物学が専門でした。何れにしても、そのような仏技術者はフランスにいる訳はありません。総裁はそのことを政府へ通知し、それから夫に仮雇用書を発行してくれたのでした。

その総裁はコッホと言う、ロシア系の「新人類」の子孫、かくして夫はパリで仕事を始めました。

ことです。

しかし別の問題がありました。それはトゥールとパリの間には、汽車で二時間半の距離があった

私はパリに出たときに、友人の女性とお茶を飲みながら、そんな愚痴をこぼしたことがありました。その女性が自分の夫にその話をしてくれました。彼は経済省の高官で、どこをどうやったのか、私がパリから一時間のルアン大学へ転勤できるようにしてくれたのです。彼はルーマニア出身の「新人類」でした。

こう言うとフランスは「新人類」で溢れているようですが、実際はそうじゃない。確かにヨーロッパではフランスに一番多いそうですが、それでも仏人口の一％にも満たないのです。しかも、私ばかりではありません。夫はドイツ時代の前にフランスで働いており、話を聞いてみると、その時代に夫を助けてくれたのも「新人類」だったようなのです。以下は夫の話です。

「会ったこともないぼくを、パリの研究所に採用してくれたのは、所長であるオーストリア出身のレデラー教授だ。その後ぼくは、博士論文は書いたけど、論文をタイプして貰うのにお金を使ってしまい、必要な部数を複写して製本させる費用がなくなってしまった。そこでフランス人の研究室長に苦境を打ち明けたとき、彼は勝ち誇ったように言った。

『原則として個人負担です。貴殿は招聘金を貰っているのでしょう？　あるいは休職になっている日本の会社に頼んでみては？』

ぼくのフランス人嫌いの歴史はそのときから始まった。ぼくは自尊心が高すぎ、感じ易くむくれ易い。いちど冷たい取り扱いを受けると口答えをせず、ただそのときの気持を真面目に心に彫り込むのさ。

隣の研究室では室長のゴドメール博士ばかりか、ほとんどが東欧出身の研究者達で、彼等はスラヴともゲルマンともアフガンとも言える顔形や雰囲気をしていた。その研究室から、クローディンヌという女性がよくぼく等の研究室の装置を使いに来る。ぼくの話をどこからか聞きつけ、だいじょうぶ、手伝ってあげる、と言う。彼女はゴドメール博士の引出しから室長だけが持つ研究所の鍵を手に入れて来た。その鍵を持って真夜中の研究所に忍び込み、誰にも迷惑かけずに時間をかけて、必要なだけの写しを撮ろう、と言う。三人いた方がよいから、別の研究室のヒルデスハイムを呼び出しておくわ。五十部の写しが必要だったのに、余分をみて七五部の論文の写しを、三人は一時間で撮ってしまった。発案者のクローディンヌは仏領アルジェリアで生まれたのに、ヴェイルというゲルマン系の姓なので、祖先は東ヨーロッパの人間だったのだろう。ヒルデスハイムは仏独国境のアルザス地方出身の人間だった。真夜中に呼び出されたヒルデスハイムは、流石に少し不機嫌だったが。ぼくは後で知ったが、クローディンヌは二人の幼児持ちの研究者で、ヒルデスハイムはイスラエル国籍も持ち、兵役のため二日後にテル・アヴィヴへ出発した。二人ともかなりの不都合を覚悟で助けてくれた訳だ」

夫はこの三人が私の言う「新人類」だとは、意識もしていなかったようですが、私は名前を聞くと、すぐにピンと来ました。

夫がそんな経験をしていた頃、私はまだ彼を知らず、仙台で、東北大学の野添先生が主催するトロポロン物質に関する国際会議に出席していました。

二

そんなキッカケから、私は「新人類」の歴史に興味を持ち始めました。彼らはどうして、また何時頃からヨーロッパに住んでいるのか。そんな興味から始まり、少し歴史を辿ってみて、「新人類」により作られた十九世紀と二十世紀のヨーロッパ歴史の一面を要約してみました。私の定義する「新人類」ではない人物も関与してきますので、その際には括弧してことわります。

ハインリッヒ・ハイネはドイツのライン河に程近いデュッセルドルフで生まれた詩人で、特にローレライの詩で有名。カトリックの教育を受け、後で新教に改宗しました。もともとフランスの自由さに憧れ、１８３１年に独身でラインを渡って、パリにやって来ました。

カール・マルクスはハイネの生誕地に近いトリールで生まれ、一八四三年に結婚し、その年の内に夫婦ともにパリに住み着きました。マルクスはそれまでは通俗小説を書きながら成功を夢見ていたのですが、パリでハイネに出会ってからは彼に傾倒し、彼のように詩を作り始めた。しかしすぐに自分の限度を知り、哲学へ変身しました。ハイネとマルクスの交流関係はとうにドイツ国境を通り越し、パリの知識階層を含めて広いものでした。二人ともヘーゲル（「新人類」ではない）と関係があり、その唯心論や精神主義に影響されていたようですが、それに対抗する唯物論（物質主義）を考え続け、二人してドイツ哲学とフランス空想社会主義とイギリス経済政治の間を徘徊し、時の資本主義、国家主義、階級主義を悪とみなし、ほとんどあらゆる人の考えに反対したに違いありません。ただ二人とも、仏社会主義者のサン‐シモン（「新人類」ではない）の教えには傾倒していたようです。

「労働者階級は生活条件を改良するために有産者階級と協力し、互いの利益を達成すべし」

そのようなサン‐シモンの教えから二人は階級闘争の考えを知りますが、その教えでは労働者階級はまだ有産者階級の下に置かれていた。ハイネとマルクスは有産者階級と協力する代わりに、世界中の労働者階級が団結し、それを力で倒す考えの方を好みました。特にマルクスは、労働者階級が至上だ、と考えていました。ハイネとマルクスの共通点は、先祖のユダヤ教を離れ、キリスト教の影響を受けている点です。

パリではハイネの方が兄貴分として振る舞い、マルクスはそれをどう思っていたかは分かりませんが、後で著した『資本論』の第一巻でハイネを参照しているところを見ると、ハイネへの尊敬は続いていたようです。尤も、年齢ではハイネの方が上だし、マルクスは文学ではハイネみたいに成功できず、革命家レーニン（母方の親は「新人類」だった）もまだ生まれておらず、マルクスはまだ名を成していなかった時代でした。マルクスはパリでエンゲルス（「新人類」ではない）とも親交を深め、一緒にパリ革命教会で活動を始めました。マルクスがフランスから追放されてブラッセルへ移住、そこにエンゲルスが合流して『資本論』の著作で協力を始めたときに、ハイネとマルクスの友好関係は一つの頂点を越したようです。ハイネはパリに住み続けてフランス女性と結婚し、パリで一生を終えました。

多くの人々が「新人類」を資本主義の起源とみなしています。それはロスチルド（英語ではロスチャイルド）家がヨーロッパ大陸全土に銀行業を発展させたせいに違いありません。しかし思い出して下さい。その資本主義を糾弾したのも、マルクスと言う「新人類」なのです。マルクスの革命的な考えはポーランド人のローザ・ルクセンブルクへと続きます。彼女はレーニンと同世代に生きましたが、ロシア革命の少し後に、ナチス党の前駆となる団体により暗殺されてしまいました。

感性に長《た》ける「新人類」は、著名な作曲家達を輩出しました。マルクスと同時代にドイツにはフェリックス・メンデルスゾーン、オーストリアにはヨハン・シュトラウス、フランスにはドイツから帰化したジャック・オッフェンバッハがいました。

第一次大戦前から第二次世界大戦にかけて、オーストリア人のシークムント・フロイトやステファン・ツヴァイク、チェコ人のグスタフ・マーラー、彼らは活動分野こそ医学、文学、音楽などと異なるものの、同じ時代に生き、お互いに交流し合っていました。マーラーは妻が浮気をして夫婦間の悶着となったときにはフロイトの患者になったほどです。ただマーラーは長生きできなかったので、フロイトの精神療法が効いたとは思えません。

マーラーは一方では、アーノルド・シェーンベルクを含む作曲家達とも交流がありました。その後シェーンベルクはナチスを逃れてアメリカへ移民し、そこではロシア生まれの作曲家ジョージ・ガーシュインと親交を深めました。

同じ時代に生きたチェコ系のフランツ・カフカはフロイトの名声に対して少し反抗していたようですが、実際には彼の作品にはフロイトの影響が見られます。

「新人類」は科学の才能にも恵まれています。ドイツ出身のアルバート・アインシュタイン、デンマーク人のニールス・ボーア、ハンガリア出身のジョン・フォン・ノイマンなどは同じ時代に研究に従事し、彼らの間にも友好関係や交流がありました。アインシュタインとボーアはご存知の物理学者で、フォン・ノイマンは電算機の父と言われる数学者。

ローザ・ルクセンブルク時代の少し前ですが、同じポーランド人のルードウィッヒ・ザメンホフはポーランド東部の町で医者をやっていました。その町ではポーランド語、ロシア語、ドイツ語、イーディッシュ語を話す民族が共存しており、ザメンホフはこれら異人種の共通語を作るのを夢見て、エスペラント語を発明しました。

三

これから述べる人達は、ヨーロッパの雑誌や新聞の中で、私がたまたま気の付いた「新人類」に過ぎません。だから、この他にも偉大な「新人類」は沢山いるはずです。また、自分をそれとみなさない「新人類」もいるし、「非新人類」との混血で「新人類度」が薄い人もいるでしょう。

フランス政界ではレオン・ブルムが第二次大戦中に仏大統領となり、戦後にはミッシェル・ドブレやロラン・ファビュスが仏首相、シモンヌ・ヴェイルは最初の欧州議会議長になり、非常に保守的なオーストリアでも、ブルノ・クライスキが首相にまでなりました。

産業界では、アンドレ・シトロエンは自分の名前のついた自動車を作り、特に前方駆動を考え出した発明家で、宣伝を利用することさえ考えました。マルセル・ダッソーは新型の飛行機を開発し、マルセル・ブルースタインは新しい職業である広告業をヨーロッパで発展させました。

芸術家としては、画家のマルク・シャガール、映画監督のセルゲイ・エイゼンシュタインやロマン・ポランスキー。綺麗でもないのにその魅力で大女優となったサラ・ベルナール。「パントマイム」を発明したマルセル・マルソーなどにも「新人類」の血が流れています。マルソーの歩き方はマイケル・ジャクソン（「新人類」ではない）に利用され、独特の「ムーン・ウォーク」へと変身しました。

チャーリー・チャップリンに関しては、生まれた情況がはっきりせず、「新人類」なのかどうかの論争がありますが、彼の顔や目の表情が「新人類」を思わせるのは確かです。

作家ではマルセル・プルーストやハロルド・ピンター、哲学界ではアンリ・ベルグソンやエマニュエル・レヴィナス、人類学ではクロード・レヴィ‐ストロース。

何と言っても、「新人類」の真骨頂は反抗心です。トロツキーはロシアの小農家の家庭に生まれましたが、弁や筆の立つ知識人革命家となり、レーニンと共に一九一七年のロシア革命を組織し、更には赤軍を創設した張本人ですが、後に、教養で劣り残酷さで勝るスターリン（「新人類」ではない）の手により暗殺されました。最初にスターリンの革命を支持したのも「新人類」だし、彼が権力を集中するとそれに抵抗したのも「新人類」です。トロツキーがそんな一人で、暗殺されるまで抵抗したのです。ナチ占領下のフランスのレジスタンス群の中にも、無数の「新人類」がいました。

ボリス・パステルナークは『ドクトル・ジバゴ』を著し、文学でソ連共産主義を糾弾したし、南アフリカのナディーン・ゴーディマーはアパルトヘイトを糾弾しました。

そんな「新人類」の歴史は二十一世紀でも続き、ウクライナで起こったオレンジ革命の指導者の一人、イウリア・ティモチェンコ女史。彼女は野心と雄弁さで首相になりましたが、ロシアと不利な契約を結んだとして監禁されています。一方でチェス界の王者として君臨したガルリー・カスパロヴは、プーチン（新人類ではない）の独裁政権への猛烈な反対者に変身しました。

一九六八年のソルボンヌで、ド・ゴール（新人類ではない）に反抗して学生による五月革命の先頭に立ったのはダニエル・コーン‐ベンディという青年でした。

アフリカのビアフラやヴィエトナムでの悲劇に対して「国境なき医者団」を組織したのはベルナール・クッシュネール、それを発展させたのはロニー・ブローマンです。

これら「新人類」の特徴は概して言えば、先祖からの伝統的なユダヤ教の教えを受けながら、あまり熱心なユダヤ教の信者ではないか、それに関心を失ったか、あるいはキリスト教へ改宗した人達です。しかし同時に彼らは、ユダヤ民族として定義されていることを意識し、それと自分の同化した国への愛着との間で、常に二つの同一性（アイデンティティ）の間で生き続けている複雑な心境を感じます。今でも自分の子供に、「新人類」なることを話そうとしない親もいるそうですから、彼等の心理は複雑です。これほど誇ってよい歴史を持っているのに。

彼らは必ずしも学業の冴えた人ばかりではない。ただ、反抗心で溢れ、疑い深く、気骨があり、自我の強い点ではほぼ共通している。また、よく旅行し、国境の枠を無視し、平気で住む地を変え、いろんな人々と交流して会話し、表現力では誰にも負けません。

誰もが、時間は皆に一様に経って行く、と信じて疑わなかった。ところがアインシュタインは、汽車で動く人は地上で歩く人より年のとり方が遅くなり、八階に住む人は重力のせいで、一階に住む人より早く年をとる、という現象に思い到った。「新人類」はそれほど既成事実に反抗し、また疑い深く勇気のある人達だと言えます。

前に参照したことがありますが、ベルグソンは概ねこう言いました。

「観光客はノートルダム寺院に入ったり、ダヴィデ像の前に立ったりして、そこで見るべき点を説明する本を開く。彼等はそれを読むのに気をとられて、自分がわざわざ見に来た美しいものを忘れてしまう。我々も同じで、目下の読み順に従い、内的な案内に従って、実存するものを見ないまま旅行する。かくして言われることや書かれていることに集中し、本質をないがしろにする。我々の感覚は、既製の考えを受け入れ、ある指導の下に生きることから始まるようだ」

重要なのはそうではなく、自分の考えで生きるものを見ることだ、とベルグソンは言いたいようです。また「新人類」はそれを実行する。つまり「新人類」は読んで学ぶ他に、単なる気晴らしと思われる、見ることと話すことも重視するのです。

四

「新人類」はヨーロッパでは煙たがられ、しばしば迫害され、多くはそんな環境を逃れてアメリカへ移住しました。彼らはそこで経済的にも社会的にも成功し、政界ではまだアングロサクソン新教徒の勢力に及ばないものの、経済界ではアメリカを牛耳るほどになりました。「新人類」はお金持ちになって栄養もよくなったせいか、体も大きくなりました。アーサー・ケスラーによると、二〇世紀前半の五〇年の間に一〇センチも背が伸びた民族は、日本人と、アメリカへ移民した東欧人（「新人類」が多い）だけだそうです。ただ日本人は、日本に住んだまま大きくなっている点で彼等と違いますが。しかもアメリカへ移民した日本人は、日本にいる日本人より更に大きくなっていると聞きます。

「新人類」は音楽界[1]、文学界[2]、経済界[3]、哲学界[4]、服飾界[5]、報道界[6]、最近は政治界[7]にも増えてきたことから、彼らの表現力の豊かさが想像されます。音楽界の中でも、特にヴァイオリン奏者[8]は「新人類」の独壇場であるのは奇妙な現象と言えます。

その上、新しい職業を発展させる才能に恵まれている。オラクルの創始者や、フェースブックの創始者や、グーグルの創始者の一人……。

しかし「新人類」の密度が最高に高いのは、何と言っても映画界。映画はリュミエール兄弟(「新人類」ではない)が一八九五年に上映したのが最初だと言われますが、それを発展させ、米国にハリウッドを作ったのは彼等。だから今でも、そこで働く製作者、監督、俳優には「新人類」やその子孫が無数にいます。(9) そしてハリウッドの映画人の一部の人は、イスラエルの建国を助け、原子力開発や武器輸入や航空業や原料仕入れなどでイスラエル国の防衛に貢献していることを隠しもしません。

「新人類」はアメリカ人口の三%しか占めないのに、米国のノーベル科学・経済学賞の四〇%、文学賞の二五%かそこら、数学界でノーベル賞に該当するフィールド賞に到ると、アメリカ人の半分を占めるそうです。

知能指数(IQ)の試験でも「新人類」は韓国やシンガポールや日本と並んで世界一で、同じユダヤ系仲間であるセファルディム(スペイン、中東、北アフリカ出身のユダヤ系人種)に比べると数段上。

ただし、知能指数の高さが偉大な行為を導き出す訳ではないようです。「新人類」の特徴はむしろ、型に嵌らないことを平気でやりのけること。天才的な人ばかりか、学業成績のよくなかった人も沢山います。もし低知能試験(LIQ)なるものがあれば、そこでも世界一の成績を上げかねません。

面白いのは、どちらの範疇に入る「新人類」でも、歴史的な人物になってしまう点。そこに「新人類」の秘密があるように思います。例えば、株式市場で大詐欺をおこしたバーナード・メードフ、クリントン大統領と性醜聞を起こしたモニカ・レヴィンスキ。ケネディ大統領の暗殺を問われたオスワルドを暗殺したジャック・ルビー。ニューヨークのホテルで掃除婦を暴行した罪を問われた国際金融基金総裁ドミニク・ストロース‐カーン（彼はフランス人）もそうです。両大統領とオスワルドは新人類ではありませんが。

五

このように、フランスとアメリカでの「新人類」の発展は素晴らしい。両国とも国家が宗教から分離された、むしろ珍しい国です。余談ですが、日本でも憲法は政教を分離するそうですが、実際には首相が公式に靖国神社にお参りするようですから、宗教の定義がヨーロッパと異なるのでしょうか。

フランスではその点はハッキリしています。大統領は公式行事が教会であるときは教会に入りますが、回教の公式行事ではモスクへ入るし、ユダヤ教のシナゴグへも行って、宗教間の均衡をとらねばなりません。

フランスの「新人類」の間では、国家の教育制度に同化し、多くが秀才校に入学し、フランスの選良になっています。彼等の間には宗教から離れて開花し、羽ばたき、フランスを代表する政治家や知識人となった人が多く、今では「新人類のフランス」と言ってもよい。

それに対して米国では、「新人類」は成功したとしても、政治は伝統的な欧州系に占められ、新人類の成功は彼等の伝統的な分野、経済界や知識階層、にとどまっているようです。「新人類のフランス」に対して言えば、形容詞と名詞の位置が逆になる「アメリカの新人類」と言えるかもしれません。米国の「新人類」は、フランスのように共和国の中に同化するのではなく、一つの共同体として発展しているようです。米国では人種や宗教により固まる共同体が民主主義の伝統となっているせいでしょうか。

この「新人類」は専門的には「アシュケナジ」と呼ばれ、複数では「アシュケナジム」。彼らは奇妙な起源と歴史を持つ民族であり、ユダヤ教の下で育ち、ユダヤ民族の一種とみなされる。その起源には幾つかの説がありますが、昔から中東や地中海近辺に住んでいたユダヤ民族「セファルディ」（ヘブライ語でスペイン人を意味する）とは明らかに肌合いが違う。作家アーサー・ケスラーが言うように、「ユダヤ人」というのはそのような民族がいるのではなく、ユダヤ教を信じる人、ユダヤ教に改宗した人。そう定義するケスラー自身がポーランド生まれのアシュケナジなので、信用できると思います。

アシュケナジという奇妙な名前は洪水の話で有名なノアの曾孫の名前に由来するようですが、ヘブライ語ではかつてライン河畔に住んでいたアルマニ族（フランス人はドイツのことを今でもアルマーニュと呼ぶ）を意味するそうですが、その語源とみなされるペルシャ語では、ロシアのヴォルガからコーカサス地方を流浪する民を意味するそうで、どうも話がうまくは一致しません。

アシュケナジはイーディッシという、ヘブライ語とはまた異なる自分の言葉を持っている。これは古ドイツ語を基に、文法や構文はスラヴ語系で、ヘブライ語やスラヴ語や、更には古フランス語からの語彙を導入した言葉だと言われます。

フランスで四苦八苦していた夫を助けてくれたのが土着のフランス人ではなく、フランスに住んでいたアシュケナジだったのは、何か意味があるのかもしれない。夫は学位の発表が終わった後、クローディンヌの家に招待されました。ご主人は食事前にキッパを頭に被り、祈りを始めました。夫は自分の学位取得を祈ってくれたと思ったそうですが、実は食事前の、ユダヤ教の神様への祈りでした。祈りの後に夫はクローディンヌにお礼を言いながら、どうして君はぼくの面倒をみてくれたのか、普通のフランス人は見向いてもくれなかったのに、と不躾な質問をしました。クローディンヌは気後れするように尋ねたそうです。

「聖書を読んだことある？」

夫はノンと答えました。

「君は異邦人を愛するだろう。なぜなら、君自身がエジプトの国では異邦人だったから。これは聖書のドイテロノムの何条かの言葉よ」

アシュケナジは時代の要求する職業をいち早く感知し、その業で大成します。それから世界を、新しい職業へ引き込むのです。十八世紀の銀行業、十九世紀に発展したサーヴィス業。二十世紀の映画界、現代の報道界や弁護士業。

アシュケナジの成功の理由はいろいろと検討されました。尤もらしいのは、彼等は社会的に差別され、職業が商業や金融や自由業に限られていたから、と言うもの。少数民族として世界中に散らばっており、その網を利用して団結するからだ、とも言われます。

私はそうは思いません。同じような少数民族は世界にたくさん存在しますが、アシュケナジみたいには成功していないからです。真の理由は他にあるはず。

彼等の成功は、世界が農業から商業中心に変わり、お金ができて教育に投資できるようになったからだという説もあるし、ユダヤ教が儀式と犠牲に基くものから、トーラー（旧約聖書）の研究と教育に基くものに変わったせいだ、という説もあります。

ローマ人がエルサレムにあったユダヤ教の本拠寺（テンプル）を破壊してからは、ユダヤ教の教育は昔の中央集権から、シナゴグや寺小屋へ分散されて行われるようになり、ラビ（ユダヤ教区の長）や学者が各集落で重要な役を果たすようになりました。神を敬うことは、祈りを捧げることばかりか、勉学に励むことをも要求しました。ユダヤ教徒の男性が信仰を実践するには読書を余儀なくされ、しかも私的な読書ばかりか、人前で大声に読むことも要求されるのです。トーラーの文言は簡単なものではない。機械的に読むだけでもかなりの読書力がいる。タルムード（旧約聖書とその注解）を学んで理解するにはかなりの知力を要する。ユダヤ教徒の立派な男性になるには、巧妙さ、抜け目なさを要する。更に、教育を受けたアシュケナジであっても、農業に従事している間は薄利しか得られず、徐々にユダヤ教から離れて行く。かくしてユダヤ教徒自身が自然淘汰され、ユダヤ教に残るアシュケナジは知識階級に集中することになる……。それが知識層にアシュケナジが多い理由だという説。実に、トーラーを読んでいると本を読みたくなり、また書きたくなるそうです。それが本当に成功の原因なのでしょうか。

日本語では美しさや深い喜びに関する表現が非常に豊かですが、アシュケナジのイーディッシュ語では、それに匹敵するのは侮辱する言葉。ニーチェも、ユダヤ人は典型的な恨みの民だと言っています。この恨みに基く宗教上の文化が読み書き能力を伸ばし、本を読む習慣を作るようです。現在の楽しみや収入を我慢してでも、将来もっと稼ぐように考えます。危険を犯す勇気も持っています。

トーラーは小説と違い、読者の気を引こうなんて少しも思っていません。小説みたいに、読者を物語の人物と共感させ、その中に引き込もうなんて毛頭考えていません。従ってトーラーを読みながら自分を、アブラハムの野蛮さや、ダヴィデの性的倒錯性や、アイザックのえこひいき癖などの、人間の弱さと同定することはできません。特にアシュケナジの用いるトーラーは小説で時を過ごすのとは大違い、何かを積極的に掘り出そうという人しか手にしません。その代わり、いろんな角度から人生を考える機会を作ってくれます。彼等は三千年の間、考え、書き、謳い、解釈し、建設し、「ユダヤ人」の伝統を作り上げました。

奇妙なことは、偉大なアシュケナジには、ユダヤ教の家系で育ちながら、そのことをほとんど無視するまでに解放された人が多いことです。

六

アシュケナジとは、ライン河周辺から中央ヨーロッパ、東ヨーロッパ、ロシアにまたがって住んでいた、ユダヤ教を実践する、または実践した人だと言えます。

一説によると、アシュケナジは一世紀か二世紀に、イスラエルからイタリアを通ってライン河畔、今のフランスのアルザス地方やドイツのライン地方に住み着いたユダヤ人の子孫だとされます。ただ、十一世紀に始まるキリスト教徒の十字軍遠征で、アシュケナジは十字軍のエルサレムへの遠征途上で殺戮され、あるいは井戸に毒を流して黒死病を流行させたという噂が流され、民衆に迫害されたりして、ポーランド、ハンガリア、ウクライナなどの東欧へ移住した、という説です。

他の説では、アシュケナジは今から一二〇〇年前ごろ（奈良時代か平安時代の初め）にセファルディから分かれたと言われます。そうすると、アシュケナジは中央・東ヨーロッパ人の間に住み始めて約五〇世代が経っていることになる。確かに、アシュケナジの父親系の遺伝子はセファルディや中東に住むパレスチナ人やシリア人やレバノン人の遺伝子（約一〇〇世代前）と似ています。

ただし私の理解では、似ていることは同じだということではなく、アシュケナジは中東の近くに住んでいた別の民族、例えばトルコ系の子孫なのかも知れないということです。

ここで、もっと新しい説を紹介します。アシュケナジの起源はカザリア帝国から来たものという説。このカザリア説は浪漫的で神秘的、私の想像の旅を満足させてくれます。この説は既に一八八三年にエルネスト・ルナンが唱えていました。

モスクワの新聞オゴニオクによると、一九八〇年代の末、ヴォルガ川付近の村人達がデルタ地帯に農園を作ろうとして鍬を入れたとき、人骨や煉瓦や陶器が出て来ました。ただ、その遺跡の開発には、ソ連邦が崩壊して現在のロシアという国になるまで待たねばなりませんでした。そして西暦二〇〇〇年に発掘が始まり、更には最近の発見により、西暦六世紀から、黒海とカスピ海の間、ヴォルガ川が注ぐデルタに、トルコ系の遊牧民が住んでおり、七世紀には彼等がカザリア王国を設立していたことが判りました。実際、カスピ海という言葉は「カザリア海」の訛りらしい。その王国にイスラム軍が攻め込んで来てイスラム教への改宗を強いますが、カザリア王はそれに応ぜず、八世紀半ばから九世紀にかけてユダヤ教へ改宗したそうです。改宗前にカザリア王は、キリスト教と回教とユダヤ教の代表者を呼んで、どの宗教がよいかを検討したそうですが、自分を神様に選ばれた民と断定するユダヤ教が選ばれたとしても不思議ではありません。ただ神様の加護が足りず、カザリア王国は十世紀末にロシアに攻撃され、十一世紀始めからカザリア人達は分散し、コーカサスからヴォルガ河にわたって住み、東へ進んだ者はタジキスタンに集落を作り、更に東進してハバロフスク近くに到り、アムール河の中国対岸周辺に自治体を作ります。アフガニスタンの一部族も実はユダヤ系のエフライム族の子孫だという説も、私の浪漫を膨らませます。西に進んだ人達はポーランド、ドイツ、ハンガリア、チェコなどに住み始めます。この最新説によると、アシュケナジのもとのもとはトルコ系ということになりそうです。

私達に馴染みの深いハリウッド俳優では、少しずつ世代を置いて、カーク・ダグラス、ポール・ニューマン、ダスティン・ホフマン、ショーン・ペン、という名優達がいます。

彼等の共通点は何でしょう。彼等は名前が欧州系でも、与える印象は普通の欧州系とはどこか違い、少し馬面の傾向があり、いわゆる良い男ではないが、どこか魅力があり、バビロン的または中東的な雰囲気を醸していています。それはアシュケナジの血が流れているからに違いありません。中でもショーン・ペンは、米国がイラクを攻撃したときはそれに反対し、単身でバグダッドに赴いて世界の反省を促し、ハイチが地震で破壊されたときには報道陣に隠れて救民に尽くし、私の尊敬するアシュケナジの反抗の魂を示してくれました。

先述したように作家ケスラーが、ユダヤ人というのはそのような民族がいるのではなく、ユダヤ教を信じる人、ユダヤ教に改宗した人だ、と主張して大波紋を起こしました。つまりユダヤ系という表現は宗教と文化によって定義されます。アメリカに住むユダヤ系はほとんどが東ヨーロッパや中央ヨーロッパ出身の家族ですが、半数は非ユダヤ系と結婚します。そこでユダヤ文化が消えてなくなる危険にさらされるはずです。ただ、ユダヤ人は民族性にはよらないので、非ユダヤ系でも容易に改宗できる。エリザベス・テイラーがユダヤ系の歌手エディ・フィッシャーと結婚したら、すぐにユダヤ教へ改宗したことを思い出します。既にギリシャ時代やローマ時代に大量の改宗により、ユダヤ人というのは人種的な特徴ではなくなり、精神的な特徴となっています。

アシュケナジの起源に関しては、評論家のレイモン・アロン氏も、歴史家のフェロ氏もハルター氏も、イスラエルのサンド教授も、カザリア人説を支持。ケスラー氏、アロン氏、ハルター氏、サンド氏はアシュケナジですから、彼等の説には説得力があります。しかもこの説は、次に述べる遺伝子分析の結果が出される前の話でした。

七

遺伝子での分析によると、アシュケナジの祖先は父系も母系も中東出身者だという説と、父系は東ヨーロッパに移住した中東人で、母系は東欧系人種だという説があります。

母系の歴史は、母親を通してのみ遺伝されるミトコンドリア遺伝子を分析することで推定されますが、それによるとアシュケナジの源は四人の中東系の女性から始まるそうです。多くのアシュケナジがたった四人の中東系の女性に由来する？　アシュケナジの約半数が特異な四個の遺伝子を持つのに、セファルディや非ユダヤ系はそれら遺伝子をほとんど持っていないからです。そうすると、この四名の中東女性はそれぞれの中東男性に伴って移住したことが想像されます。

しかし遺伝子専門家のゴールドシュタイン教授は、女系のミトコンドリア遺伝子では遺伝子移動が起こるので、上記の観察は統計的に意味がない、と述べています。

それに対し、父系の歴史は男性の持つY遺伝子を分析すれば分かりますが、アシュケナジの男達のY遺伝子の分析によると、彼等が中東系男性の起源を持つとは考えられません。

ユダヤ教では一定の戒律があり、それを満たさないとユダヤ教徒として認められない。戒律はユダヤ教徒の家系により異なりますが、アシュケナジではリーヴィー家系の戒律は比較的に緩やかで、外部からの改宗者を容易に受け入れる、とされます。そのリーヴィー家系の遺伝子を追跡すると、ジョージア北からヴォルガ河へ北上し、アラル海とドニエプル川間にある地方に住むコーカサス人のそれと共通する。しかもそのY遺伝子はアシュケナジ以外のユダヤ系には少ない。そのコーカサス地方が、千年前に消えてなくなったカザリア王国に一致するらしいのです。

人の遺伝総体は二本の鎖から成り、一本目の鎖は四種のデオキシリボ核酸が幾つも連なってできていますが、二本目の鎖では化学的に相性のよいデオキシリボ核酸が一本目の鎖の対面に来て緩やかに結合し、その結合力のせいで二本の鎖は空間的には螺旋状となります。数個のデオキシリボ核酸（例えば七個）が一つの遺伝記号を作りますが、その内で一個のデオキシリボ核酸が通常の遺伝記号のそれと異なるときは、一本目の鎖のデオキシリボ核酸に多形化現象が起こったことになり、その異変遺伝記号はアレルと呼ばれます。一本目の鎖にアレル化が起こると、向かい合う二本目の鎖の対応する遺伝記号も異変遺伝記号となり、二つ目のアレルができます。民族の間ではこの多形化現象の頻度が変わり、ある民族で一般的に見られるアレルは、別の民族では稀なのが普通。アシュケナジ遺伝子のアレルを分析すると、その五〇％近くがヨーロッパ系民族に由来すると計算されます。

別の遺伝子分析によると、セファルディ同士の間には共通の遺伝子がありますが、アシュケナジはそれを持っていない。そのことも、アシュケナジの起源はカザリア人であるという説を支持します。

アシュケナジのカザリア人説は、日本歴史での縄文人と弥生人の説によく似ていると思いませんか。実は上記のアシュケナジの遺伝子分析を行ったのは、日本人の起源を遺伝子分析から憶測する方法を開発した、主としてアシュケナジから成る米国研究者達なのです。

遺伝学者ゴールドスタイン教授（彼もアシュケナジ）による、アシュケナジ遺伝子の分析によると、彼等はカザリア人由来の遺伝子Yが持つ特徴を共有し、ケスラー氏の説を支持することになります。私が最高に快く感じたのは、ゴールドシュタイン教授の次の言葉です。

「自分はカザリア人の血を持っている。私の叔母（父親の妹）は東洋人みたいに吊り上った目をしており、彼女の娘達の一人は叔母より更に吊り上った目をし、その娘の娘はアジアのステップから真直ぐに出てきたような目をしている」

八

私がカザリア説に傾倒するのは、多分にマルク・ブロッホのお蔭。彼はフランス一番の秀才校を出た後、ナチスの占領中も歴史学者として教え続けました。彼は、自分は地中海民族とトルコ・カザリア民族とスラヴ民族から成るユダヤ民族だ、と宣言していました。つまり、彼はアシュケナジであることを自認していたのですが、同時に、自分はフランス人だと言い続けました。ナチスのユダヤ人狩が激しくなった頃、彼はニューヨークの新社会学研究所から研究者の職を提案され、家族全員でアメリカへの脱出を考えましたが、からだの弱い妻や家族事情でそれを果たせず、結局フランスに残ったままナチスに対する地下抵抗運動に入りました。彼は言っています。

「現在を理解できないのは、過去を知らないことの必然的な結果です。現在が分からないのなら、過去を理解することに全力を尽くしてみるのは、そんなに無為なことではないでしょう」

そして、おおよそ次のような言葉も忘れられません。

「私は生まれのせいで、さもなければ自分で実践もしない宗教のせいでユダヤ人とみなされますが、私はそこから誇りも恥も感じません。ただ私が望むのは、自分はそれなりの歴史家であり、ちゃんと認識している者であることです。人種に由来する素質なんてことは架空の話であること、また、実際にはかつて地中海、トルコ・カザリア、スラヴ等の世界から募集されて信者となった人々に、純血人種という概念を宛がうほど愚かな行為はない」

マルク・ブロッホは終戦の一年前にナチスに捕えられ、アシュケナジでしかも地下抵抗運動をした理由で拷問され、銃殺されました。人間性の歴史からの何という損失でしょう。戦後はベルリンに、彼の名を冠した研究所が設立されました。

そうです。もう一つ理由があります。それはマックス・プランクの話です。彼はアシュケナジではありませんが、素晴らしい学者であったばかりか、ナチスの下でアシュケナジ研究者達を守ろうとした物理学者です。彼の友人アインシュタインは米国旅行中に亡命しましたが、そのときプランクはアインシュタインに対し、彼の亡命はドイツにいる他のアシュケナジ研究者達の立場を困難にする、と非難したほどでした。プランクは四人の子供を持ったにも拘らず、三人は第一次世界大戦中に死亡し、四人目の息子はヒトラーの暗殺事件に関与し、第二次大戦の終戦直前に銃殺されました。今ではドイツの到る所に、マックス・プランクの名を冠した科学研究所がありますが、それは彼の偉大さに報いるには不十分でしょう。

九

アシュケナジのアレキサンドル・アドラー氏によると、「ユダヤ人」は「空間を生きるのではなく、時を生きる」。つまり彼等はイスラエルという国に生きる必要はなく、歴史と共に生きる。土地には拘らないが、歴史には拘る。日本人とは逆かもしれません。日本人には日本という国で生きることが非常に重要で、外国生活には慣れない人が多い。更に、自分の歴史を本当に知ることにあまり熱心ではない。もしアシュケナジが日本人の立場におれば、日本中の古墳を探し回って掘り起こし、自分の過去をトコトンまで知ろうとするでしょう。

アシュケナジは、自分ではほとんど何も発明していない、とも言われます。しかし世界に結びつこうとする精神は旺盛です。アシュケナジの得意である数学や物理の分野でさえ彼等が発明したのではなく、世界に分散している間に学んだものです。

一方でアシュケナジは国境を無視する商人だとも言われます。その点では現代の世界化現象の先駆体。多くのアシュケナジが大きな事件に関与しましたが、一般にユダヤ教とは関係していないことも面白い点です。

アシュケナジがトルコ系と言えば、日本語がトルコ語と同じアルタイ系の言葉であるという説を思い出します。しかもアシュケナジは日本人と同じ欠陥を持っている。アシュケナジは回りのヨーロッパ人達に比べて、アルコール耐性とラクトース耐性がずっと低い。つまりアルコールを飲むと赤くなり、牛乳を飲むと下痢する人が多い。まるで日本人を思わせますね。それはヒトラーがアシュケナジを人種差別するための科学的な根拠でした。日本人もその範疇に入ってしまいますが、日本はそのヒトラーと協力していたのですから、奇妙な同衾者です。

アシュケナジは表現能力、論理性、数学能力は高いのに、空間的な視覚は世界的に見てごく平均的だそうです。これは日本人ではない。日本人は表現力が高いとは言えないけど、幾何能力は高いと言えます。その証拠に、日本人は何かを説明するときに、空間に指で絵を描いたり、紙片を出して図にしたりするのが好きです。アシュケナジなら、これを全て言葉や数式で表現する方法を考えるでしょう。

アシュケナジは日本にも大きな影響を残しています。日本国憲法の国民平等や男女同権の原則をほぼ一人で作り上げたのは、アシュケナジの二十二才の女性だったからです。

マッカーサー元帥は戦後の七日間で憲法を作り上げるため、二十数名の専門家を任命しましたが、その中に唯一の女性、しかも極端に若いベアテ・シロタがおり、彼女は国民平等に関する十四条と、男女同権に関する二十四条を担当しました。彼女はウクライナ系、ウイーンで生まれたアシュケナジで、法律家でも研究者でもなく、ただ子供の時にピアニストの父親と、母親に連れられて日本で十年を過ごし、太平洋戦争直前に両親を日本に残したまま米国に留学し、米国に帰化し、独仏英西露語の他に日本語のできる通訳となっていました。彼女は戦争のせいで日本に抑留されたまま行方不明となっていた両親を見つけるため、マッカーサー占領軍に通訳として応募し、採用されて日本へ戻って来たのです。彼女は図書館に通い、得意の語学を生かしていろんな国の法律を調べてまとめ、上記の二条を作り上げました。このような肝っ玉の太い行動はアシュケナジの伝統を継ぐものでしょう。更に愉快なのは、二十二才の素人の女性が七日の間に作り上げた憲法十四条と二十四条を、専門の憲法学者が眉を顰めて解釈に奮闘し、理屈を求め続ける場面を想像するときです。

十

アシュケナジのフロイトは、意識していることに対して無意識の世界があることを示唆したし、同じくアシュケナジのアインシュタインはそれまでの常識を覆し、時間の経ち方は人の情況によって異なることを示しました。現代のブノワ・マンデルブロもアシュケナジのそんな伝統を引き継ぎ、私達が今まで無視していたことに眼を開かせてくれました。

彼はポーランドで生まれ、フランスで教育を受け、アメリカで働いた数学者です。特定の音楽家に完全な耳があるのと同じように、特定の眼を持っている人がいるようで、自然を観察し続け、今まで皆が見過ごしていた現象を発見しました。彼の発見はフラクタル（断片化）と呼ばれ、日本語でどう言うのか知りませんが、同じ構造を、ますます小さい規模で、無限に繰り返すこと、と言えるかもしれません。

彼はまず、国境や海岸線を測っても、どんな手法によって測るかによって無限に変わることを指摘しました。例えば日本の海岸線の長さは一定のように考えられますが、実はどの尺度で測るかにより無限大にまで変わってしまう。勿論、海の満ち干や波の高さなどは考慮外。メートル尺で測るのと、人の歩幅と歩数で測るのと、兎のそれで測るのでは異なります。例えばメートル尺で測ると、兎の歩幅で辿る小さな曲折が測れなくなってしまう。もし蚤の歩幅と歩数で測れば、日本の海岸線は無限に近くなるほど長くなる。詰りは、海岸線は近くから見れば見るほど不規則になる。従って、地理上の曲線の複雑さを測るには、長さ以外の何らかの基準量が必要になる。そしてそんな事象を自己相似性という考えへと発展させました。例えば高い空の上から写真を撮って、海岸線の一キロメートルと百キロメートルを比べると、前者が後者に似て見えるらしい。そうかな、と疑問に思う方もいるでしょう。そんな疑問はアシュケナジでない人にも許される。フロイトの、意識の外に無意識の世界を作った理論にしても、数学的な証明は難しく、今でも詐欺にかかったように感じる人は少なくないはずです。

詐欺と言えば、兎と亀の競走の話も同じですね。兎が亀に十メートル遅れて出発したとき、巨視的に見れば兎はすぐに亀を追い越すはずですが、微視的にみると、兎は永遠に亀を追い越せない。なぜなら兎が十メートル先の亀の距離に達するときには、亀は更に少し、例えば一メートルは進んでいる。兎が十一メートルの位置に達するときには亀は更に〇・一メートルの位置にいる。このように、追いかける者の宿命は永遠に続くはずです。

何れにしろ、海岸線の考察から始まり、マンデルブロは自然界に見られる多くの物体が、学校で教わる四角や三角や円の形を繰り返して組み合わせることにより出来上がっていることを見破りました。つまり自然界の多くの物体は、一定の簡単な単位を何度も繰り返して組み合わせることにより出来上がっているのです。例えば空に広がる雲の全体と、その内の一握りの雲。ブドウの房とその中の小枝。木全体とその中の一本の枝。ブロッコリ……。

次にマンデルブロは、綿花の株価の変遷を調べてみて、それは連続的に変化するのではなく、時に小さな跳びや大きな跳びが発生するが、各々の詳細点は全体の形に似ていることに気付きました。株価の変遷の一年にわたる図は、徐々に小さい規模、例えば月単位、週単位、一日単位にしても、往々にして同じ傾向が繰り返されるのです。つまり同じ様な形が、観察する規模の違いによって繰り返す。フラクタルの理論は、一見しては規則がなく無秩序で、大混乱としか思われない現象を、理論的に把握する手段として用いることを可能にします。

人間はミミズやワラジ虫と同じ脊椎動物です。我々の共通の先祖は、ムカデのように、同じ単位の断片が頭から尾てい骨まで連なっていた。そればかりか、肋間筋肉や脊髄神経や神経細胞でも同じ構造が見られるそうです。どこかで、マンデルブロの考えを思い出させますね。

夫が質問して来ました。このように愛すべき「新人類」であるアシュケナジが、どうしてヨーロッパ人の偏見の対象になるのか。私は不意を突かれ、取り敢えず、できるだけの返事をしました。

「キリストを抹殺しようとしたからよ」

「でも、キリストはユダヤ人だし、神様の子供だし、唯一神を信じるユダヤ教とキリスト教と回教にとっては、共通の最小単位ではないのか」

夫のそんな言葉を聞いて、私は無意識にフラクタル理論を思い起こしていました。そんな私に気が付き、自分が偏執的にマンデルブロになってしまった、と感じました。

でも、夫の疑問に対しては、こう答えてよいのかもしれません。ヨーロッパは、アシュケナジでなくても、成功する人の足を引っ張ろうとする文化を持っている。逆にアメリカには、成功する人を尊重する伝統があるので、アシュケナジはアメリカに移民して来て、やっと彼らの安寧の土地を見つけたのかもしれません。

注

(1) 例えば、指揮者・作曲家のレオナード・バーンシュタイン、軽音楽のボブ・ディラン、ポール・サイモンとアート・ガーファンクル。
(2) 例えば、ソール・ベロウ、ノーマン・メイラー、ジェローム・サリンジャー、フィリップ・ロス。
(3) 特に経済界は「新人類」好みの世界で、すぐ頭に浮かぶのは、ミルトン・フリードマン、ジョージ・ソロス、最近の米国銀行総裁アラン・グリーンスパン、ベン・バーナンキ、ジャネット・イエーレン。
(4) 例えば、ハンナ・アーレント、
(5) 例えば、ラルフ・ローレン、カルヴィン・クライン、レヴィ・ストロース。
(6) 特に有名なのは、ウオーターゲイト事件を暴露した記者カール・バーンシュタイン。

（7）例えばヘンリ・キッシンガー、最近のニューヨーク市長エド・コッホ、マイケル・ブルームバーグ。

（8）例えば、アイザック・スターン、ヤッシャ・ハイフェッツ、ユーディ・メニューヒン。

（9）例えば、セシル・B・デミル、ジョージ・キューカー、フリッツ・ラング、マックス・オフュルス、オットー・プレミンガー、ウイリアム・ワイラー、ビリー・ワイルダー、マイケル・カーテイス、シドニー・ルメット、スタンリー・カブリック、ウッディ・アレン、スチーヴン・スピールバーグ、マイク・ニコルス、シドニー・ポラック、オリヴァー・ストーン、ザ・マックス・ブラザーズ、ディーン・マーチン、ジェリー・ルイス、トニー・カーチス、ハリソン・フォード、バーバラ・ストレイサンド、ダニエル・ディ・ルイス、グイネス・ポールトロウ、ナタリー・ポートマン、スカーレット・ジョハンソン

あとがき

ピュス・エルヌフは、これまで英国や日本へ何度行ったかはよく覚えていません。小さいころから英語と接触して育ち、日本に行くようになってからは日本人と英語の問題に遭遇してきました。

しかし二〇〇六年に病気になって以来、日本へ行けなくなってしまいました。ただ逆に、ものを読む時間はでき、勉強する時間もできました。そこでピュスは、今回のような「英語への旅」を企画・実行したのです。実際はピュスにとっては「英語への旅」は「日本への旅」とも言えます。「新人類」への旅」も同じような、日本への思いを心に置いて書いてみたものです。しかしピュスには、それらのことを日本語で表現することができません。そこで自分の知識や思いや興味をフランス語で書き続け、私にその翻訳を頼みました。私はピュスの書いた文章を翻訳しながら、ピュスの気持ちを汲み取って解釈し、日本に関して足りない点を補完したり自分の知識を付け加えたりして、このような形になりました。

ピュス・エルヌフは十一歳のときから毎年一カ月を英国の家庭で過ごすようになり、十三歳のときから福島県白河市の女学生、ソエダ・ジュンコと英語で文通を始めました。ピュスがそれほど外国、特に日本に憧れたのは、母の友人のドッドマン夫人（ピュスの兄の名付親でもある）のせいです。彼女は世界を闊歩して回り、日本ではフランス贔屓の皇后のお茶会に招待され、ハワイではワイキキの浜辺で波の音を枕に夜を過ごした、そんな話を聞きながら、ピュスは密かに、自分が将来にやるべきことを決めていました。

一九五〇年代はまだ地球化は進んでおらず、隣国の英国に行くにも持出し金が制限されており、ピュスの父親はドッドマン夫人のコネで英国人家族に送金をし、ピュスを英国へ滞在させ続けました。ニコールという少女も同じ状況でした。英国の子供達はフランス人を珍しがり、自分らと同じかどうかを調べるため、二人を裸にさせようとしたほどです。ヨーロッパの中でさえ、世界はそれほど分断されていました。

ジュンコと文通を始めたキッカケは、川越に住むフランス人のラバルト神父です。神父はジュンコがフランス人との文通を望んでいることを知り、オルレアン市の基督教系の学校に連絡してきました。ピュスはその学校に在籍しており、英語ができるという理由で選ばれ、ジュンコと文通を始めました。

それ以来、ピュスは日本へ旅行することを夢み、ツール大学、医学薬学部の助手になるとすぐに貯金を始め、その傍ら、ツール市でクロード・レヴィー-ストロースの研究をしていたニイロ・モトコから日本語を（人参や玉葱の細切の仕方も）教わり、一九七〇年、二十五歳になるまで待ちました。その年には東北大学のノゾエ・テツオ教授の主催で「純粋及び応用化学の国際連盟」の国際会議が開催され、それに参加することになったのです。その年は大阪万博の年でもあり、外国人が来日し易いように、旅費が安く、英語への配慮も日本の到る所で見えました。

一九七〇年七月一七日の午後、パリの東駅からモスクワ行きのソヴィエト製寝台車に乗りました。ロシア人の車掌がピュスの旅券を取り上げたとき、見送りに来ていた父親が、いきなり「降りなさい、父さんが航空券を買って上げるから！」と大声で叫びました。ピュスはソ連大使館に勧められ、レーニン友の会の会員証を持っていたので、それほど心配してはいませんでしたが。

パリからモスクワまで三日の汽車の旅。ピュスの夢は動き始めました。パリを出た後ベルギーと西ドイツを横断して東ドイツへ、そこで旅券の検査があり、ヴィザ代を支払い、ポツダムでは銃を抱えた兵隊三人と三匹の犬が乗り込み、更に三回停車して三回検査、西ベルリンに入り、東ベルリンでは下車禁止。ホームに下りた旅客は兵隊から旅券を没収されました。同じ車両にはロシア系のオーストラリア女性が二人。ベルリンではロシア人達やドイツ人やポーランド人が乗車してきて、車両は一杯になりました。パリで見送りに貰った雑誌や新聞は、欲しがった二人のロシア人に上げました。モスクワからハバロフスクまで飛行機、そこからナホトカまでは汽車の旅、そこから船で横浜まで、パリから数えて八日の旅。

国際会議には西欧からはノーベル賞級の先生方が参加したのですが、むしろお年寄りが多く、日本人の若い研究者達には二十五歳のピュスが一番モテたとしても不思議ではありません。ピュスはフランス人だということで、これっぽっちも似ていないブリジット・バルドーにされてしまいました。勇気のある大学助手からは散歩中に手を握られましたが、これが日本人との最初の、恋に近い愛の感触でした。しかし渡日した本当の目的は、ジュンコとラバルト神父に会うこと、生まれて初めて東洋文化の世界に踏み入ることでした。この日本への旅行はピュスの人生を変貌させました。旅行の前の人生と旅行の後の人生、職業上でも、私生活の上でも、日本は一九五八年にピュスの人生に入ってきて、それ以来、離れて行くことがありません。

ピュスとは作者の子供の頃からの愛称で、フランス語では「蚤」を意味します。しかしピュスは大きな蚤で、百七十二か三センチあり、学級ではいつも後ろの方でした。

同人誌「ＶＩＫＩＮＧ」に初稿を発表させていただいたあと、これまでの著書と同じく、松本昌次氏と影書房の皆さんのお世話で刊行の運びとなりました。記して謝意を表します。

二〇一四年四月

内田謙二

初出

英語への旅　「ＶＩＫＩＮＧ」７３８～９号　２０１２年６月～７月

ジュヌヴィエーヴ（ピュス）・エルヌフ　Geneviève ERNOUF

トゥール大学、医学・薬学部および理学部卒、薬学国家博士。

トゥール大学、医学・薬学部助手。上ノルマンディ大学、医学・薬学部（ルアン市）教授。厚生省付き薬事監察官。

著書に旅行記《Premiers Pas au Japon》, KAHUNA VISION（2008年）がある。

内田　謙二（うちだ　けんじ）

東京大学卒業後、渡欧。現在フランス在住。

欧州特許および商標弁護士。

著書に『巴里気質・東京感覚』（1986年）『ヴィンテージ・カフェからの眺め』（2009年）『チャオとの夜明け』（2013年）以上、影書房刊がある。

現住所　29 Avenue de Wagram, 75017 Paris, FRANCE

英語《えいご》への旅《たび》

二〇一四年五月二〇日　初版第一刷

著　者　ピュス・エルヌフ
　　　　内田《うちだ》　謙二《けんじ》

発行所　株式会社　影書房
発行者　松本　昌次
〒114-0015　東京都北区中里三―四―五
　　　ヒルサイドハウス一〇一
電　話　〇三（五九〇七）六七五五
F A X　〇三（五九〇七）六七五六
E-mail=kageshobo@ac.auone-net.jp
URL=http://www.kageshobo.co.jp/
〒振替　〇〇一七〇―四―八五〇七八
装丁=松本進介
本文印刷=ショウジプリントサービス
装本印刷=アンディー
製本=協栄製本

定価　一、六〇〇円＋税

ISBN978-4-87714-445-6

内田謙二
巴里気質・東京感覚
（複眼的な比較文化論）
四六判上製￥１８００＋税

内田謙二
ヴィンテージ・カフェからの眺め
——西欧《ヨーロッパ》を夢みた黄色い眼
四六判上製￥２２００＋税

内田謙二
チャオとの夜明け
（短篇小説六篇）
四六判上製￥１８００＋税

影 書 房